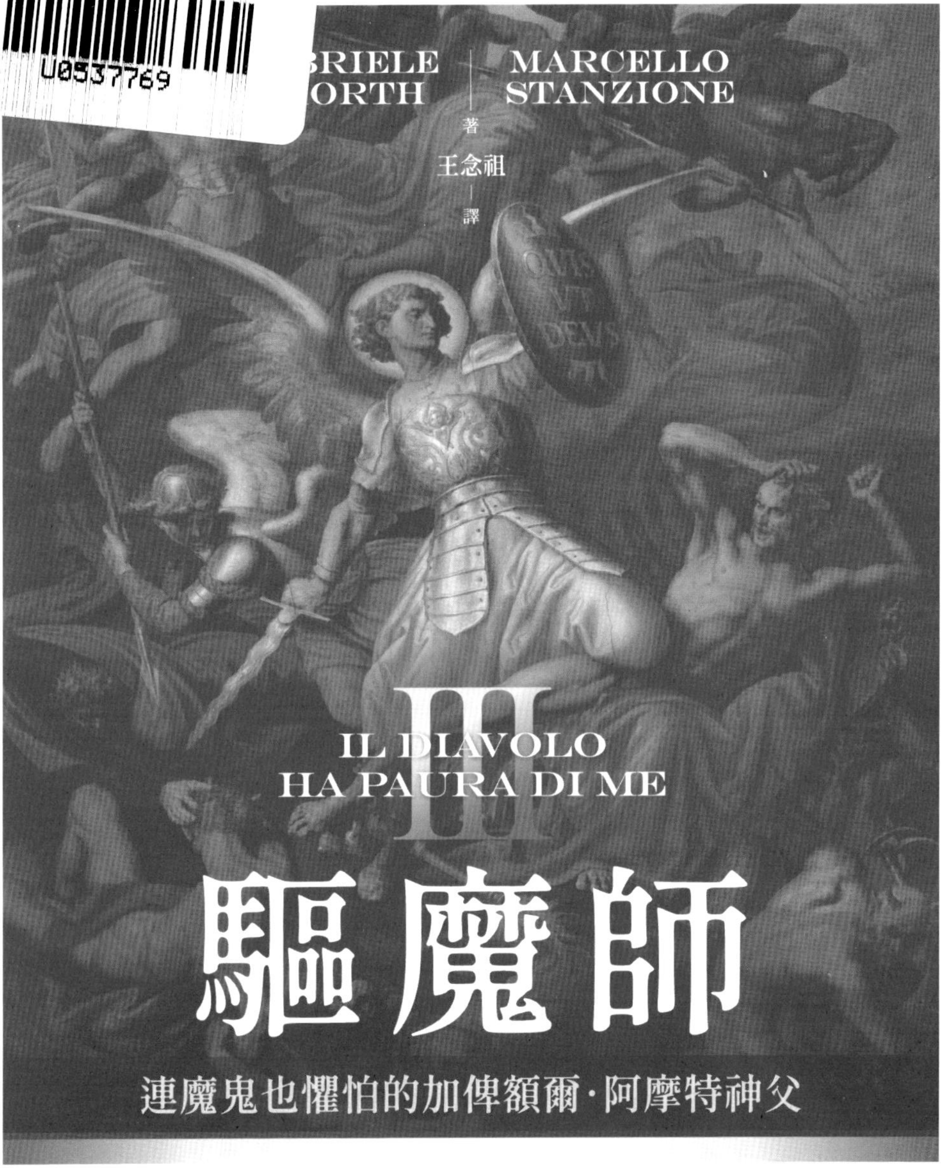

BRIELE
ORTH

MARCELLO
STANZIONE

著

王念祖

譯

III

IL DIAVOLO
HA PAURA DI ME

驅魔師

連魔鬼也懼怕的加俾額爾·阿摩特神父

獻給
諸宗徒之后，聖母瑪利亞

目錄

CONTENT

第4章

驚心動魄的首次驅魔經驗

第5章

聖母與驅魔：對抗撒旦的重要角色

第6章 第一手專訪：關於魔鬼騷擾、詛咒，以及驅魔禮

第7章 阿摩特神父使用的釋放禱文

出版緣起

加俾額爾．阿摩特神父去世的消息瞬間傳遍了出版界和所有大眾媒體。對於如此巨大的損失，我無法掩飾自己的悲痛。我再也無法收到他的便條和建議。他有一個習慣是向我們的編輯團隊推薦作者——特別是推薦給我，因為我是他的朋友，然後我會評估這些作品，並處理所有出版的必要事務。

因此，很自然地，我的第一個念頭就是想找一位神父來合著一本紀念書籍，讓每一個人，甚至後世之人，都能認識這位靈性卓越、善於傳播的驅魔師。我立刻想到了可敬的馬塞洛．斯坦齊奧內神父，他是一位多產作家與天使學家，也是阿摩特神父的仰慕者。他毫不猶豫地就答應了我的請求。

為此，我衷心感謝他。我也懇請所有閱讀這本書的人，為本書提供補充的資料、軼事，或任何能讓我們更親近我們敬愛的阿摩特神父的內容，感謝你！

——皮耶羅．曼泰羅（Piero Mantero）

第
1
章

舉世聞名的驅魔師

by Marcello Stanzione

阿摩特神父是何許人也？

天主教國際驅魔師協會（International Association of Catholic Exorcists）主席方濟各．巴蒙特（Francesco Bamonte）神父在《信心週刊》（*Credere*）中報導了我們當代最著名的天主教驅魔師加俾額爾．阿摩特神父逝世的消息：

九月十六日星期五，晚上七點三十七分，我們最敬愛的加俾額爾．阿摩特神父完成了他的塵世旅程。我們懷著至誠的感激之情，追念他為推動當代教會驅魔事工所做的一切努力，敬佩他對所幫助的人展現的愛心與關懷。近三十年來，他致力於減輕那些飽受撒旦怪異行動折磨的弟兄姊妹們的痛苦，藉治癒祈禱、釋放祈禱以及驅魔禮，解除他們邪魔附身的枷鎖。

對於他永不倦怠的參與並全心全意地陪伴我們，本協會實在無以為報。作為國際驅魔師協會主席，我得到他長上的許可，可以在他患病期間定期去探望他。

我總會告訴他，人們對他是多麼地關愛，寄給他無數的慰問。現在我們每天仍然在祈禱中記念他，我們知道他也在公義的平安與喜樂中為我們祈禱。

因著天主的恩寵，他幫助我們喜樂地接受上主為我們協會每個人所準備的慈愛計劃。他創立了這個協會，並擔任了第一屆主席，之後，他終身都是榮譽會員。有賴天主助佑，我們接續他啟始的工作，並熱烈地推展開來。願我們在他的祈禱幫助下，為了天主的國來臨，繼續堅持對抗撒旦以及所有其他叛逆天使，打贏這場好仗。願我們永遠效法他對聖母瑪利亞的虔誠孝愛，並將他鼓舞人心的楷模帶給他人。

阿摩特神父是何許人也？他受到召喚、成為神父的祕密是什麼？

二〇一五年，《信心週刊》訪問他時，他透露：「我的聖召很早就萌芽了，那時我大約十歲或十二歲，與耶穌在聖殿裡被找到時的年紀相仿。有一天，我們全家人，包括我兩位虔誠的父母、四個兄弟和我一起用餐時，爸爸問我們：『你長大後想做什麼？』我搶先回答：『我要當神父。』他好像早已預料到似的說：『如果你真的成為神父，我會非常開心。』」

可惜的是，馬里奧（Mario）爸爸生前沒有看到他的兒子成為神父，他在一九三九年第二次世界大戰剛開始時過世。

阿摩特神父的聖召之路經歷了許多階段。其中一個重要的階段是他前往義大利，到羅馬的聖若望羅通多（San Giovanni Rotondo）與畢奧神父（Padre Pio）會面。他告訴《信心週刊》：「一九四二年，我去羅馬拜訪雅各伯．雅培理（Giacomo Alberione）神父之前不久，先去見了畢奧神父。我希望能聽到一些他對我聖召的看法，但在等了很久之後，畢奧神父只給了我一個非常模棱兩可的回答，我甚至記不得他說了些什麼。不過，在那之後的二十六年，我每年都去拜望他，並且受益良多。」

與雅各伯．雅培理神父會面的情況則頗為不同。一九四二年夏，正值戰事高峰之際，年僅十七歲的阿摩特神父在他的本堂神父陪同下前往羅馬，拜訪一些修會。他首先拜會了苦難會（Passionist），但由於一些誤會，沒被接受。隨後，他拜訪了在羅馬的聖保祿會（Society of St. Paul），親自接待他的真福雅各伯・雅培理神父立即看出他有聖保祿會的聖召。

阿摩特神父回憶說：「當我問他，我應該選擇哪個修會時，他說：『明天我會為你做一台彌撒，祈問天主的旨意。』第二天，他告訴我：『你進入聖保祿會吧，這是天主的旨意。』於是我下定決心，在完成高中教育後，就進入聖保祿會。」

阿摩特神父的葬禮是在聖保祿大教堂附近的宗徒之后大教堂舉行，由輔理主教保祿・洛尤迪切（Paolo Lojudice）蒙席和聖保祿會總會長瓦爾迪爾・若瑟・德卡斯特羅（Valdir José De Castro）神父主禮，有一百位神父共祭，其中包括許多驅魔師，以及他們所屬的國際驅魔師協會的主席巴蒙特神父。超過一千五百人參加了葬禮，無法進入教堂的人群則留在教堂的庭院。

此外，還有一千多人在星期日整天及星期一上午排隊等候進入教堂，瞻仰阿摩特神父的遺容；他的靈柩放置在教堂內，在聖保祿會會祖真福雅培理的墓旁。來悼念阿摩特神父的群眾大多來自義大利及世界各地，他們都曾受惠於阿摩特神父的安慰和幫助而得以痊癒；也有許多是阿摩特神父在羅馬陪伴的眾多祈禱團體的成員，有些人曾參加過他的驅魔禮。

靈魂診所

作為聖保祿會的會士，阿摩特神父從一九八五年到去世，完全活出了一個大眾傳播使者的聖召。作為出版人，他致力於促進世人對靈異世界的深入認識，幫助人們更加瞭解聖教會的治癒之道。作為聖保祿會年輕修士的培育者，他曾在中學任教，並擔任過許多團體的靈修導師，例如聖母領報小姊妹會（Little Sisters of the Annunciation）、聖佳播天使會（Gabrielines）以及耶穌司祭會（Institute of Jesus the Priest），也曾短期擔任過聖保祿會的義大利代表大約兩年。

除此之外，他也以精湛的筆觸成為備受推崇的記者與專欄作家。在一九八〇至一九八八年間，他是月刊《天主之母》（*Madre di Dio*）的負責人，並與《信心月刊》、《基督徒家庭》（*Famiglia cristiana*）、《超自然標誌》（*Segno del soprannaturale*）等雜誌的編輯合作。之後，他長期在「瑪利亞電台」（Radio Maria）主持《驅魔師：梵蒂岡首席驅魔師的真實自述》（*An Exorcist Tells His Story*）節目。

阿摩特神父的著作揭露了靈異世界的危險及其對人類生活的破壞性影響，他因而揚名國際。他也在電台、電視和報刊雜誌中探討那些因為世俗偏見或教會不注重而常被忽視的議題。巴蒙特神父在悼念阿摩特神父致詞時，特別讚揚他「堅定而熱情地」努力喚醒教會關注精神受苦之人，從而瞭解他們是多麼需要驅魔師的幫助。

巴蒙特神父追憶說，阿摩特神父在一九九一年召集了所有義大利驅魔師聚會，三年後成立了國際驅魔師協會，並長期擔任主席。該協會的章程於二〇一四年六月十三日獲得教廷認可。阿摩特神父強調：「這個協會的唯一目的，就是治癒因魔鬼迫害而引起的疾病。」無論是寫書、接受訪問，或是出現在媒體上，他始終不忘初衷。

義大利最年輕的驅魔師之一，來自盧卡地區（Lucca）的安東尼奧・馬塔泰利（Antonio Mattatelli）神父寫道：「每當有人稱讚阿摩特神父是最有名的驅魔師時，他總是回答：『最出名，但不是最厲害的。』」

阿摩特神父常常提到另一位天主教從事釋放牧職的巨擘——瑪提歐・拉・格魯亞（Matteo La Grua）神父，並稱其為「最真實的驅魔師及聖人」。然而，我相信阿摩特神父也是一位聖人。他有著真誠的天性，為人坦率，從不虛偽圓滑。他真正做到了以誠待人。他在牧職的各方面——驅魔、講經、證道和福傳——都堪稱箇中翹楚。他能觸及聽眾和讀者的心。

在他六十二年天主教司鐸生涯的偉大成就中，他的驅魔工作（據估算，他在生命的最後三十年，至少進行了十萬次驅魔）以及他影響了幾個世代信徒的著作，都是以他對聖母的虔敬（包括奉獻於她的無玷聖心）為中心。

請恕我出於敬仰與愛慕之心而大膽地說（暫且不論教宗烏爾巴諾八世的諭令：信友應信賴教會對聖人身分的判定），阿摩特神父是一位偉人、良師、偉大的榜樣，也因此是一位聖人。某個星期二的早晨，當他在城外聖保祿大殿與他的一位附魔病患爭鬥時，我也在場。他汗流浹背，不僅是因為天氣炎熱，更由於他在與附魔的人拼鬥，場面既驚駭又精彩。這種場面我雖然時常見到，但每次還是會為他熟練的步驟以及蜂擁而至的求助群眾所震撼。

他的「靈魂診所」總是有絡繹不絕的人上門求助，他總是鎮定、自信且充滿慈愛地施行大量的驅魔禮，彷彿是在監督一條生產線。

沒有人知道，在如此繁忙的驅魔事工中，他從哪裡得到安寧與心靈的力量，又怎樣擠出時間來撰寫一本又一本的書。然而我們都知道，是基督（以及祂的始胎無玷聖母）將這股神祕熱火的能量注入我們鍾愛的教會，這股熱烈的火源就是教宗本篤十六世在法蒂瑪（Fatima）所提到的：「許多信徒心中的信仰熄滅了，因為它未受到滋養。」

去年四月八日，我在羅馬聖保祿會的母院，最後一次見到阿摩特神父。我與幾位朋友一同前往，我最想向他請教的，是一個我無法解答的、關於驅魔的問題：一個聖潔並且得救的靈魂，是否能像魔鬼一樣顯現？

這觸及一個難以理解和解釋的領域，但我希望聽到這位驅魔大師的看法。他以慣常的專業回答了我的問題：「是的，有時聖人會親自顯現：我曾經見過痛苦聖母聖加俾額爾（St. Gabriele of Our Lady of Sorrows）、聖本篤，以及在他生前我就認識的聖畢奧神父的顯現。」然後，他拍了拍我的肩膀，說：「繼續加油，年輕人！」

回顧往事，只要想到他的優雅與偉大，我就深深受到感動。雖然那時他的身體衰老病弱，已近凋謝，但他的思維仍是如此清晰睿智。我心想：「他是個聖人！他遺留下來的將是天堂！」

《信心週刊》的社長安東尼奧．里佐利（Antonio Rizzolo）神父對他最深刻的記憶是，他給每一個人很大的幫助：「我被網路上感謝他驅魔事工的聲量所震撼。他一直全心投入這個使命，直到他過世前幾週，體力無以為繼才終止。對這些生性純樸的受苦之人來說，他是一位滿懷愛心的聆聽者。我舉一些他們的反饋為例：『阿摩特神父，謝謝你為所有需要你的人所做的一切』、『願主接納你到祂身旁』、『親愛的神父，請在天上保護我們』、『謝謝你為我們所做的一切美好的事』、『現在你已與主同在』。」

充滿尖叫聲的辦公室

我永誌不忘阿摩特神父是我們聖保祿會的弟兄。他確實是我們修會的一員，但我是一九八九年與他一起在《天主之母》月刊合作時，才真正開始認識他。第一年，他擔任社長，之後他持續地為雜誌寫稿。

阿摩特神父是個面惡心善的人。雖然他講話非常率直，但也愛開玩笑。認識他的人都知道，他喜歡以幽默的方式問候人。不是太久以前，我與另一位聖保祿會會士斯特法諾・斯蒂馬米里歐（Stefano Stimamiglio）神父去拜訪他，向他請教關於一本新雜誌（由我負責的《信心週刊》）的建議。

他很喜歡這本刊物的宗旨：只以生命見證來呈現基督信仰。他鼓勵我們，並祝福了我們。他也應允為我們執筆一個如何讓自己免於邪魔攻擊並增長信德的專欄。該專欄由斯蒂馬米里歐神父編輯，並以〈漫談靈異世界〉（Dialogues on the Hereafter）為名（雖然我建議使用「魔鬼懼怕我」作為專欄名字）。這專欄持續了一年多的時間，在最後，阿摩特神父留給我們的一個訊息是：「魔鬼根本無力對抗天主的仁慈。」

崔西・威爾金森（Tracy Wilkinson）是美國記者，著有一本關於梵蒂岡驅魔師的書。她如此描述阿摩特神父日常工作的情形：

> 阿摩特神父在一棟建築物內接待來求助的受苦群眾。這棟建築有他的辦公室

和住所，也是他同事的住宿處。他的房間總是遠離街道，以免被人聽到尖叫聲。他略顯一絲笑意地說：「否則會招來警察。」

這房間的面積大約是九英尺乘十五英尺；淺藍綠色的粉牆上，有幾處斑駁及裂痕。靠牆放著五到六把直背的椅子，另外一張有膠皮薄墊的椅子，是供病情不太嚴重的患者使用。助手們坐在其他椅子上——他們當中有些人可能是神父，有些人是患者的家人及親戚，以及幫忙遏制患者著魔時動作的助理。

通常，阿摩特神父也會邀請一些平信徒*來幫忙，他們是天主教神恩復興運動（Catholic Charismatic Renewal）的成員，他們以祈禱來參與。阿摩特神父說：「我們需要很多祈禱。」情況不穩定或生病的人，可能要用帶子束縛，安置在一張類似醫療診所使用的鋪墊小床上。阿摩特神父給我看在這些情況下所使用的束帶。在驅魔禮的過程中，隨時可能會出現暴力行為，因此總是有助手在場。很少有神父會獨自進行驅魔。

阿摩特神父在牆上掛了八個十字架、幾個聖母像，以及一幅總領天使聖彌額爾（即大天使米迦勒）的聖像。一尊法蒂瑪聖母的小塑像放在房角的一張小桌上。牆上還有教宗聖若望保祿二世、聖畢奧神父（阿摩特神父的指導老師）、肯迪度‧阿曼蒂尼（Candido Amantini）神父，以及聖保祿會會祖雅各伯‧雅培理神父的像。阿摩特神父稱他們為他的守護者，並特別提到，當聖若望保祿二世的聖像被掛起來後，格外有效，因為魔鬼在他的面前會變得非常煩躁。牆頂有一扇小窗戶，裝了空調冷氣，並拉上了窗簾。

阿摩特神父隨身備有驅魔的工具：一個舊公事包裡放著兩個木製十字架、一個灑聖水用的聖水棒，以及一小瓶聖油。此外，他還使用紫色的司鐸領帶以及一本包含正式驅邪禮典的祈禱書。

擔任國際驅魔師協會主席的巴蒙特神父也提出了他的見證，向我們描述他所

＊編注：是指除了聖職人員及教會認可的修會人員之外，所有的基督信徒，又稱教友、會友、信友。

接觸到的阿摩特神父：

加俾額爾·阿摩特神父過世了，這位二十世紀的偉大人物從歷史舞台上退場了。值得注意的是，他與傑出的義大利政治家卡洛·阿澤利奧·齊安比（Carlo Azeglio Ciampi，一九九九年至二〇〇六年任義大利總統）同日辭世。

阿摩特於一九二五年五月一日生於摩德納，他在馬里奧和朱塞皮娜·阿摩特夫婦的五個兒子中排行最末。他幼年時就感覺到有司鐸的聖召。他和父親一樣，學習法律，並參與了當時在艾米利亞地區的社會政治與教會的事務。他在青年時期熱心公益，多所貢獻。

戰後，他與朱利奧·安德萊奧蒂（Giulio Andreotti）和其他著名的義大利政治家一起參與了義大利憲法的起草工作。在安德烈奧蒂加入新政府後，阿摩特選擇了司鐸和修道生活。他的生涯選擇最後將他帶到驅魔事工。他卓越的溝通技巧與大眾傳播的能力，大大地促進了天主子民以及世人對這項事工的接受與認可。

驅魔的房間與過程

作家安吉娜．穆索雷西（Angela Musolesi）對阿摩特神父的追憶如下：

多年來，他與許多驅魔師合作過。因此，我可以不怕任何人質疑而肯定地說，阿摩特神父是最偉大的驅魔師。並不是因為他擁有比別人更強的驅魔力量，而是因為他整體的工作。他的經驗比其他所有人更豐富，因為他從事這項事工超過二十年，而且他是在另一位偉大的驅魔師——肯迪度．阿曼蒂尼神父的指導下，從門徒開始學成的。

在這期間，他學會了如何辨識魔鬼附身與牠們的作為，以及如何釋放。這種追隨在專家左右的陶成過程，非同小可。那些僅參加過短期驅魔課程就被正式任命為驅魔師的人，沒有對實際情況的全面認知，因為這需要許多年的時間才能學到（許多被魔鬼困擾之人的案例證實了這一點）。

阿摩特神父也研讀了許多這個主題以及相關領域的書籍，增進了他的知識，他也深入瞭解了信奉撒旦和邪教者的行為模式。因此，正如他的書籍在全球暢銷所證明的，他的教導是最好的。遵循他的教導，一個人可以成功地將自己從「笨蛋」（阿摩特神父這樣稱呼魔鬼）的行動中釋放出來。

阿摩特神父堪稱為最偉大的驅魔師，也是因為他的仁慈，正如天主是仁慈的一樣。而且他還很有幽默感，有一次在驅魔過程中，一個魔鬼指控他貪饕，阿摩特神父回答道：「嗯，那跟你有什麼關係？」

如果他不是很確定一個人是否被魔鬼騷擾，他會建議這個人去看心理醫生，但他常將驅魔作為一種診斷工具，因為他認為，如果這個人需要驅魔，就驅魔；如果不需要，驅魔也無害。

他甚至會在電話中為人驅魔。在義大利，只有兩位驅魔師曾使用這種方法：阿摩特神父和他另一位年長的朋友——這兩位神父要為六千萬人服務。但是，為什麼很少驅魔師使用這種便利的方式呢？這種方式與親身在場的驅魔有同樣效果，為什麼要為天主的恩寵設限？在其他國家，很多驅魔師以電話為人服務。還有其他很實用的通訊方式，例如Skype或Line等通訊軟體。

阿摩特神父因為在反抗法西斯獨裁者的「義大利抵抗運動」（War of the Resistance, 1944-1945）中的英勇表現而獲頒金質獎章。他也因為對抗魔鬼，為耶穌的王國奮戰而獲得另一枚勳章。他是公開地對抗魔鬼。

瑪利亞電台的李維奧．范匝加（Livio Fanzaga）神父也分享了他的見證：「阿摩特神父從一九九〇年開始就在瑪利亞電台主持節目。經由我們的廣播，他喚醒了教會對驅魔事工日漸式微的關注。我最早在瑪利亞電台主持的一個節目就是評論他的大作《驅魔師：梵蒂岡首席驅魔師的真實自述》，當時瑪利亞電台還只是一個小型的堂區廣播站。後來，這個書名成為他在瑪利亞電台長達二十五年的熱門節目名稱。」

本章的最後，以法蘭西斯的見證作為結束。法蘭西斯像很多人一樣，曾經請阿摩特神父為他驅魔。他如此敘述阿摩特神父的一天：

固定的合作者中有史丹尼斯洛（Stanislaw）神父和至少三到四位平信徒組成的祈禱團隊，他們協助遏制患者著魔時的動作。每天早晨八點五十分，他開始祝福水、鹽和油，這些東西是一群顯然非常需要這些聖物的人帶來的。此外，總有三到四個人會利用這個機會請求神父給他們做簡短的祝福。

上午的驅魔從九點開始，每場預約的時段之後，會暫停半小時，以便處理文書手續。每天上午接受五個預約，大多是來自羅馬或拉齊奧地區，已經確定的案件中，有時也有來自義大利北部地區或國外的患者。偶爾也有其他教長為他們團體的信友請求預約，因為他們在自己的教區內找不到好的驅魔師。

舉行驅魔禮的矩形小房間，裡面的氛圍相當奇特，幾乎有超現實的感覺。入口是一扇木製小門，上面有半透明的磨砂玻璃。一進入房間，目光就會不自覺地被一張老舊、有扶手的棕色天鵝絨坐椅所吸引，這是為不太焦躁的患者準備的。天花板相當高，白色的牆壁有幾處汙漬。兩扇採光的窗戶，夏天溫暖了房間，但冬天就相當冷。

窗戶下放有一張小床，綠色的床單有些褪色，床尾有一條厚毛毯給病人擱腳。床下放著一個木箱，裡面裝有膠帶和束帶，是用來束縛那些特別強壯的患者，通常是男性，防止他們在驅魔禮的時候做出傷害的行為。我不太記得我參加的時候發生了什麼事，但現在回想起來，我可以說，有些人如果沒有被束縛，即使六、七位志願者都無法按住他，因此，束縛他們是為了他們自身安全而採取的非常有用的預防措施。

另一面牆是一個書架，上面有各種信仰書籍、羅馬彌撒經書、一些神學著作，以及聖人傳記。隔壁前廳是給預約上午驅魔的人等待的候診室。在進行驅魔時，會從候診室搬來一些折疊椅。這些椅子不只是為了阿摩特神父、接受驅魔的患者及其家人朋友，也是為了那些幫忙的人，例如患者的親人，以及固定的助手（史丹尼斯洛神父、克里斯蒂娜、羅莎和德勒莎等人）使用。

此外，不時會有一些來自世界各地的平信徒、修士、修生和神職人員，他們希望參加驅魔禮以便觀察、學習，也會以他們的祈禱來幫助驅魔。

專訪阿摩特

魔鬼用什麼方法攻擊人？梵蒂岡也有魔鬼嗎？

以下是梵蒂岡記者馬爾柯．托薩蒂（Marco Tosatti）對阿摩特神父的採訪。托薩蒂曾多次撰寫關於阿摩特神父的文章，並與阿摩特神父合著了多本關於其他生活與工作的書。托薩蒂描述阿摩特是一個面帶微笑、頗具童心的人——他演講時喜歡加些笑料，他沒有手機，不會上網，也不看電視或報紙。阿摩特神父說，在晚餐時，他的同事會告訴他世界大事以及能幫助他瞭解患者世界的不幸事件。

Q 怎樣從歷史的脈絡來看驅魔？

A 在基督信仰開始的最初四個世紀，所有人都可以驅魔，當時沒有像我們現在所謂的驅魔師——被明確任命從事這項事工的神職人員。耶穌說過「因我的名驅逐魔鬼」，只要信祂並以信德行動，就足夠了。這一點直到今天依然真確。

現在我們有神恩復興運動的團體，也有一些人進行我稱之為「釋放祈禱」的活動。我不把這些稱為驅魔，為的是要區分這些與真實、正統的驅魔。但是基於信德所做的釋放祈禱，效果與真實、正統的驅魔一樣有效。後來，驅魔被制定為教會的一個小聖職品級（minor order），並僅授權給主教指派的神父，至今仍是如此。唯獨主教有此絕對的權柄，能任命驅魔師或收回他們的驅魔權限。

當神父（不是驅魔師）公開做一個我稱之為驅魔的釋放祈禱時，他並非以驅魔師的行動來將人從魔鬼的勢力下釋放出來，而是以耶穌教給我們的祈禱文，做了一個私人祈禱。所有人都可以做這個祈禱。有許多人向我抱怨，現在完全找不到驅魔師。這包括一些非常先進的國家，隨便就可以舉出幾個例子：德國、奧地利、瑞士、西班牙和葡萄牙。這些國家沒有驅魔師。因此，許多信友寫信給我，他們希望可以來羅馬請我驅魔。然而，這是不可能的，因為我已經被預約的人和我必須要追蹤的個案給淹沒了。因此，我將他們轉介給天主教神恩復興運動團體或那些做釋放祈禱的神父。正如我已提到的，只要懷著信德進行，就會有與真實、正統的驅魔一樣的效果。

Q 讓我們回到你的個人經歷。在波雷蒂樞機（Cardinal Poletti）任命你之前，你如何看待魔鬼？

A 老實說，我從未多想過這個問題。是的，我知道有魔鬼，我也相信福音。我來自摩德納，但在那裡，我從沒聽過有人提到驅魔師的存在。另一方面，那個年代的神父幾乎從不談論魔鬼、附身或驅魔。

我在一九五四年晉鐸為神父，那年是慶祝聖母無染原罪教義百週年的聖母年。五十多年過去了，驅魔事工依然是所有準備晉鐸的人應該學習的重要課題；現在更為重要，因為許多年輕人不再進教堂，而去玩通靈、找巫師、相命師等等。因此，我認為，教育修院學生這些主題、幫助人們遠離這些危險，是非常重要的事。神父也必須準備好做這些事。但是，許多神職人員對這些主題知之甚少。

當我偶然遇到明顯的附魔案例時，我意識到，撒旦的行動和釋放祈禱不只屬於過去耶穌傳道的時期，而是現在的一部分。今天，撒旦比以往任何時候都更努力地試圖讓更多的靈魂走向永恆的死亡。

從我開始這項事工時，我就瞭解有兩種對立的附魔情況：那些陷入錯誤和罪惡中的人，以及那些愛主的人。我可以從《聖經》和傳統中找到證據來證實這一點。我記得一個令我個人非常感動的案例。有一位非常優秀的修生在修院兩年後放棄了聖召，因為我沒有為他驅魔。這牽涉到一個非常敏感的問題，我不便詳述。但我可以說，為我而言這是一個極重的當頭棒喝，讓我瞭解到我必須如何行動以對抗魔鬼的作為，特別是當牠試圖攻擊被祝聖之人的時候。在這一事件後的十年間，我為修生、神父和修道人驅魔，以此挽救了許多聖召。

Q 梵蒂岡是否也有魔鬼？

A 是的，梵蒂岡內也有許多撒旦教派的成員。

Q 他們是誰？是神職人員還是一般平信徒？

A 他們是神職人員、蒙席，也有樞機。

Q 抱歉，阿摩特神父，你是怎麼知道的？

A 我從把他們轉介給我的人那裡得知的，這些轉介的人有知情的途徑。此外，也常常是由驅魔時順服的惡魔「坦承」讓我知道的。

我的老師肯迪度神父擁有分辨的神恩，一種非凡的分辨能力。他只在早晨接受患者，週日也不接受；然而，他每天只在早晨就能接待大約八十人。他一次接待兩人，宣讀非常簡短的禱文後，他就會說「回來」或是「不用回來」。「回來」表示有一些問題，「不用回來」則表示沒有任何魔鬼的問題。他也可以只看患者的臉，就能瞭解情況。甚至，他還能僅憑照片診斷，這需要他清楚地看到眼睛，但有時照片中的眼睛被遮住或閉上了。喔，對了，他治好了不知多少腫瘤！

我跟肯迪度神父不同，我沒有特別的分辨神恩，為了要確定一個個案，我必須先做診斷性的驅魔。我需要透過驅魔來觀察反應。有時，驅魔沒有引起任何反應，但是患者回家一兩天後病情就有好轉。他們會打電話告訴我，覺得這是非常奇妙的事。之後他們回來，我再次驅魔，當下病情會更加好轉，因為惡魔離開了。

有些人第一次來的時候，我觀察他們的反應，似乎沒有發生任何事。有時他們會感動或喊叫，但對某些人來說，常常在這種反應發生後，病情依然沒有任何改變。幾次以後，他們說：「你將邪魔從我身上趕走了，沒有人能趕走牠，但在你祝福我之後，情況改變了……」對於有些人，我將這件事稱為「祝福」，以免「驅魔」這個名詞把人嚇到，但這非常有效，能使邪魔遠離。

有時，首次驅魔後，效果只持續了有限的時間。他們對我說：「神父，你祝福後，我好了大約一個月，然後邪魔又回來了。」我回答：「我們再做一次。也許你需要每個月接受一次祝福。」所以，每個案例都不同。

無論如何，一般來說，我可以肯定頭部和胃部是兩個最容易受到攻擊的部位。但魔鬼也會攻擊其他地方，有時牠攻擊骨頭，有時是腿部。牠也常會攻擊子宮或生殖器。在祝福後，這些部位都能恢復正常。

Q 能否請你說明一下，有哪些方法會造成魔鬼詛咒？也就是說，魔鬼是用什麼方法來攻擊人的？

A 我要引用下面這個列表來回答問題。這個列表是我參考不同的作者，並從我直接處理的個案中，自己反思後所做的總結。魔鬼詛咒是魔鬼對人們所施加的災害，按照它施行的對象而有下列不同的性質：

- 情愛性質：為了造成或破壞與某個人的曖昧或愛情的關係。
- 毒害性質：造成身體、心理、經濟、家庭，或多方面的災禍。
- 綑綁性質：造成動作、行動，或人際關係上的障礙。
- 移轉性質：經由折磨一個玩偶或當事者的相片來傷害這個人。
- 腐敗性質：使一個物體腐敗以造成對當事者的致命打擊。
- 附魔性質：讓邪魔出現在受害者體內。

依詛咒的類型可分為：

- 直接詛咒：讓受害者接觸被詛咒的物品（例如讓受害者飲用或食用被詛咒

過的東西）。

- 間接詛咒：詛咒代表受害者的物品。

依詛咒的方法可分為：

- 植入並折磨：使用針、釘子、錘子、尖銳物、火或冰。
- 打結或綑綁：使用鞋帶、繩子、韁繩、布條或髮箍。
- 使其腐朽：將物體或有象徵意義的動物破壞或閹割後埋入地下，使其腐敗。
- 詛咒：直接施加於當事者、他的照片或象徵他的物品。

依使用的手段可分為：

- 使用惡魔的眼光或詛咒：用針或死人的骨頭刺入玩偶或肉體。
- 使用血液、蟾蜍、雞。
- 使用被詛咒過的物品：禮物、植物、枕頭、玩偶、護身符或符咒。
- 用目光（惡魔的眼光）、碰觸手，或一個擁抱。

• 打電話：沉默一陣後吐口氣，或其他方式。

Q 你一年做多少次驅魔？每次驅魔需要多久時間？

A 粗略地估算，今年一年，我已經做過大約六萬次驅魔。當然，這並不是說我曾為六萬個人驅魔。目前，我每天大約進行十七次驅魔，以前的次數比較多。例如，在早上，我專門處理最困難的案件，因此我只安排五個人。當然，如果有人沒有預約就上門來，我也愛莫能助，否則我會忙瘋了。

有時，我可能需要為同一個人驅魔幾百次。因此，我只能大約地估算完成的驅魔次數，而無法計算幫助過多少人。我曾經嘗試記錄我處理的附魔的次數，但記錄到一百以後，我就放棄了，因為實在太多了。不要忘了，當我被任命為肯迪度神父的接班人時，我發現我必須處理所有他遺留下來的事務；我繼承了所有他照顧的人，其中有許多人很顯然是附魔或是受到邪魔的侵襲。我發現自己處在一群確實是被魔鬼困擾的人中間。因此，我立即開始處理一些個案，其中不乏是附魔的情形。

如果只有一個病人，應該每天為他做一次驅魔禮；如果無法每天做，至少每週做一次：因此，每個病人一年需要超過五十次驅魔。但我讓你看一下我的行事曆，上半頁我記的是早晨的掛號，下面是下午的。看這裡，十二月的時段，包括聖誕節，都已經全排滿了，這還完全算不上是最忙的！

至於每次驅魔的時間，一般我做半小時，但有時不夠，因為需要等到患者甦醒。如果他神情恍惚或是進入出神的狀態，必須等到他清醒過來。要知道，當病人恢復意識的時候，他們會很愉快、滿意，覺得病好了。但他們並沒有完全痊癒。幾個小時或一天後，可能會舊疾復發。

你知道我給了他們多少張寫著「十誡」的小單子！我首先會查看他們的病歷、資料和分析，然後問他們：有沒有祈禱、有沒有參加彌撒，以及有沒有辦告解。我有一大疊這種資料，然後我對他們說：「看看十誡，好好研究一下。」我總是從第三誡開始：「當守瞻禮主日。」然後我會講第六誡，告訴他們：「毋行邪淫。」這雖然不是最嚴重的罪，卻是我們的弱點。最嚴重的罪是驕傲與自大，但違反第六誡卻是最常犯的罪，因此聖雅風．利古力（St. Alphonsus Liguori）說：「人下地獄正是因為此罪，而且從不會沒有這罪。」每個人都會違反這條誡命，這是我們最大的弱點。

修院培育出來的神父，沒有任何人教導他們關於邪魔或驅魔、巫術以及邪教玄學的危險，或是關於附魔的事情。因此他們不相信任何這類的事，也從不會告誡人們這些事。有許多神父在參加了我的驅魔禮後，對我說：「阿摩特神父，我來這裡之前不相信，現在我信了！」耶穌在光天化日下為人驅魔，我們現在卻必須要偷偷摸摸地進行。

Q 讓我們再回到你的經驗。你是修會的成員，他們怎麼看你的工作？

A 正如我說過的，驅魔師的事工既困難又容易被誤解。別人這麼「歡迎」我，導致我為了驅魔的事工，已經換了二十三處地點。事實上，人們不喜歡聽到尖叫聲。在羅馬，所有我做過驅魔的場所，人們都把我趕走。

Q 你的工作性質如此與眾不同，是否很難與同僚共居一處？

A 習慣就好了。

Q 某些時候，你是否感到腹背受敵——來自那些本應幫助你的人？

A 的確如此。主教們，即使是那些任命了驅魔師的主教，通常也是不情願地做這件事。他們不關注事情如何進展、目前有多少驅魔師，或需要多少驅魔師；他們也不會召集驅魔師來一起檢討情況。這些事情他們都不聞不問。他們任命了一名驅魔師之後，就讓他自求多福，僅此而已。他們不關心此事。

Q 你最常見到「病人」的反應是什麼？在驅魔時，他們如何表現對釋放禱文的厭惡？

Ⓐ很多人會吐口水，而且他們會算準時間對著你吐。稍有經驗的驅魔師就知道要防範這種情況，所以他會用手帕或紙巾擋在臉前。我記得有一個人老是吐口水，我會看出他要吐的時機，就用手遮住我的嘴巴。有一次，他吐口水時，嘴裡出現三根釘子。我一直保留著這些釘子，放在我三樓的房間裡。有時候我上電視節目時，會帶著這些東西，因為電視節目需要道具，所以必須展示一些東西。

Ⓠ像你這樣的驅魔師，一位對抗邪魔、驅逐魔鬼、趕走邪惡的人，是否可能會變得很傲慢？

Ⓐ當然會！當我在聖母無染原罪教堂進行驅魔時，可能會有十個人協助我。我發現自己會武斷地發號司令，只想到我自己，所以在驅魔過程中，我一直專注於聖神：「聖神，請來，我祈求祢。祢知道我一無是處，祢知道我毫無價值。請祢來作主。」我不斷這樣祈求，因為即使在講道時也可能會受到誘惑。

我很少外出講道，只有在非常特殊的場合才會去。然後，人們會蜂擁而上，試圖觸碰我；我總是被保鏢圍住，以防有人想碰我。我會說：「拜託，為什麼要碰我？聞聞看，我臭得像醃肉香腸！」

為補贖我驕傲的罪，我想說一個關於我被踢一腳的小故事：在一次釋放祈禱時，因為知道魔鬼討厭人真誠地懺悔並改過，我們做了一次為很多罪的公開懺悔，然後，每個人上前向神父私下告解並接受赦罪。最後，我跪在與我一起主持禮儀的另一位神父面前，請求天主赦免我的所有罪過，特別是那些阻礙我履行職事的罪過。就在這時，一個從我的助手們手中掙脫的「病人」，快速地朝我狠踢了一腳。那一腳對我很有幫助。因此，我把它的效果提供給所有需要被狠推一把才會去告解自己罪過的人。

第
2
章

驅魔神父的最大敵人

❖

by Marcello Stanzione

魔鬼有許多名字

來自法國的聖若翰·衛雅（Curé of Ars）神父將demon（邪魔）定義為「跟蹤騷擾者」，一位韓國驅魔師朋友稱其為「蝨子」，而阿摩特神父則稱牠為「笨蛋」。

希伯來文中並沒有特別的術語可以翻譯*devil*（魔鬼）或*demon*（邪魔）這些名詞，因為這些概念經歷了漫長而複雜的演化過程，沒有單一的字詞可以代表所有意思。《舊約》中的「撒旦」，希臘文的《七十賢士譯本*》將其譯為*diabolos*，意為敵手、誹謗者或騙子（源於*diaballein*）。這個名詞在《舊約》中

*最早將希伯來文聖經翻譯成希臘文的那些人，被稱為「七十賢士」（實際上有七十二人，慣用的寫法可能是將這個數字四捨五入成為整數）。按《亞里斯提書信》（*Letter of Aristeas*）的記載，仆托肋米二世·斐拉德爾腓國王（Ptolemy II Philadelphus, 285-257 B.C.）邀請了七十二位學者（賢士）從耶路撒冷來到埃及亞歷山大，將猶太律法《妥拉》——也就是梅瑟五書（摩西五經）——從原來的希伯來文翻譯成希臘文。

出現了二十六次，在《新約》中出現了三十四次。daimonion出現了六十三次（參見瑪竇福音／馬太福音8:31）＊，diabolos則出現了三十七次。

「撒旦」和「*diabolos*」流傳到基督徒使用的各種語言中，其中「撒旦」保持了希伯來文原始的發音，只在義大利文中添加了一個*a*，變成*Satan*。在希臘語、拉丁語、法語、西班牙語、英語及德語中，「撒旦」仍然保持原貌。*diabolos*在新拉丁羅馬語系的天主教語言中幾乎保持未變，例如*diabolus*（拉丁文）、*diavolo*（義大利文）、*diablo*（西班牙文）、*diable*（法文），但在英文中變為*devil*，在德文中變為*teufel*。還沒有衍生出*teufel*這個字之前，哥德語的*unhuplo*（後來變為德文的*unhold*，意為「邪惡者」）取代了希臘文的*daimon*，並在哥德語的聖經版本中，被烏爾菲拉★採用。

*Teufel*這個名詞的特殊之處在於，它可以是指單數的「撒旦」，也可用來稱謂複數的「魔鬼們」（*die teufel*）。這個同音異義的名詞淡化了「魔鬼」（devil）與「邪魔」（demon）之間的區別，轉而成為「魔鬼及其使者」，如同救主耶

穌所強調的：「然後他又對那些在左邊的說：可咒罵的，離開我，到那給魔鬼和他的使者預備的永火裡去罷！」（瑪竇福音25:41）這句經文在「魔鬼學」（demonology）中具有重要地位，因為它強調了墮落天使與撒旦（亦即魔鬼）之間的隸屬關係。

德國的平信徒魔鬼學家埃貢·馮·彼得斯多夫（Egon Von Petersdorff）認為，應該使用舊的複數名詞「邪魔」（demons）來取代複數的「魔鬼們」（devils），如此就不會說成「魔鬼與他的魔鬼們」，而會說「撒旦與他的邪魔們」。義大利文有一個慣用語的特性，就是異教的鬼神和基督信仰中的墮落天使，是兩個幾乎同義的字：前者是單數的「邪魔」（demon），後者是複數形態的

＊本書中出現的聖經名詞（如章節名、人名）在全書首次出現時，以天主教、基督新教通用譯名對照的方式呈現，以便讀者閱讀。

★烏爾菲拉（Ulfilas）是來自東日耳曼哥德的傳教士，希臘卡帕多細雅人（Cappadocian）的後裔，被認為是將聖經翻譯成哥德語的人；他曾參與亞略異端的爭議。

「邪魔們」（demons）。這種區分非常重要，因為在基本的魔鬼學問題上，這是一個混淆不清的概念。

異教徒認為有「善」的邪魔，這與聖經和教會的教導衝突。聖經和教會認定只有「惡」的邪魔。在《舊約》的翻譯中，「魔鬼」一詞僅出現在〈智慧篇〉2篇24節，其希臘文的字面意義是「誹謗者」、「挑撥是非者」或「對手」，這些含義皆涉及神與人之間的關係。因此，魔鬼的活動是以創造之初神與人之間就已確立的關係為前提的。

「撒旦」一詞在《舊約》中的語意，值得我們特別注意。在《舊約》中，我們可以看到魔鬼的概念並非源自牠與神對立的純粹二元論；更正確地說，牠原是為神工作的一名官員或執行者。例如，按〈匝加利亞〉（撒迦利亞書）3章1節，撒旦是對耶叔亞（約書亞）的指控者；在〈約伯傳〉（約伯記）的序幕中，他是「天廷的訟辯者」，以一種純粹形式上的方式為神的某種利益進行辯護。牠所擁有的權力來自於神，但牠運用這種權力的方式，已經隱約流露出其狡詐的意圖。

〈編年紀上〉（歷代志上）21章1節有與此相似、但更明確的指示：撒旦「起來反對以色列」，並「慫恿達味（大衛）」去統計以色列人口。我們可以看出，這段經文對〈撒慕爾下〉（撒母耳記下）24章1節進行了神學上的修正，因為在〈撒慕爾下〉，是天主自己「激動達味」去做此事。現在，作者用撒旦替代了天主，顯示其對撒旦的概念有更進一步的理解。

剝離了《舊約》宗教觀中原本比較複雜的天主形象後，〈編年紀上〉的作者顯示出〈撒慕爾下〉的天主觀有某些表面上看似矛盾的特徵。只有在猶太教和《新約》的後續語言使用中，神與撒旦之間的衝突才發展到如此不健康的程度，以至於撒旦的墮落被描述為神所希望的（參見路加福音10:18；若望福音／約翰福音12:31；默示錄／啟示錄12:9）。直至此時，魔鬼才被理解為一種反神性的存在，並且具有某種位格的特徵。

在《舊約》中，人類的歷史從一開始就受到罪的影響。然而，地上樂園（伊甸園）中那條神話形象的蛇，要到〈智慧篇〉的後半部才被明確認定為魔鬼，其中寫道：「因魔鬼的嫉妒，死亡才進入了世界。」（智慧篇2:24）

關於撒旦的存在，《聖經》提供了廣泛的經文依據。然而，我們不能僅是引用這些經文，就以此確認拉特朗第四屆大公會議所訂定的教條是正確的教義，例如：「事實上魔鬼和其他邪魔，確實是天主所造，原本是好的，但他們自己後來成了邪惡的。」要確保教會訓導（Magisterium）的嚴謹性，必須遵循同樣的標準，這一標準在於確認那位受神啟示的作者——透過他，神的話語得以顯明——是否在特定語境中，以自身的權威明確肯定了撒旦的存在。

聖經對撒旦的描述

雖然《舊約》和《新約》都提到魔鬼和邪魔，但在聖經文學中，只有福音書對撒旦的形象有所描述。因此，在闡述《聖經》的魔鬼學時，神學家更偏向於引述《新約》。即使如此，《舊約》和《新約》都沒有精確地描述邪魔，例如牠們的本性或牠們的外貌，而是著重於牠們存在的方式。牠們的名字只是為了描述其行為而有的稱呼，從而在某種程度上勾勒出它們的形象。因此，強調牠們在這世上的行動，遠多過對其外貌的描述。

神學百科全書《聖事世界》（*Sacramentum Mundi*）的「魔鬼」條目指出，「撒旦」這個名字原有非常廣泛的意義，後來趨向於專指後期猶太教義中的邪魔。聖經作者（尤其是先知們）為了避免淪於二元論之嫌，也為了維護神的超越性，甚少提及天使或邪魔。因此，《舊約》中只有極少的地方提及這個被稱為邪魔或魔鬼的神秘角色。即使非常少數的幾次有提到一些相似魔鬼特徵的角色，也不做具體的描述。

對於疾病、災難和死亡之類的事，以色列的鄰國民族將其視為來自邪魔的力量，《聖經》則將其歸因於雅威（耶和華）。例如：是祂，使梅瑟（摩西）的姊姊米黎盎（米利暗）得了癩病（申命紀24:9）；對違反法律者施以他們應得的懲罰（戶籍紀／民數記 11:1）；打發火蛇傷害百姓（戶籍紀 21:6）；握有懲罰罪惡的權力（出谷紀／出埃及記 20:5-6）；以及將以色列人民交在敵人手中（民長紀／士師記 2:14、3:8）。

聖經作者無視「希望」與「允許」的區別，毫不保留地將神描述為「試探者」，祂不僅試探亞巴郎（亞伯拉罕），藉此來測試他的愛（創世紀 22:1），也使法郎（法老）的心硬（參見出谷紀 4:21；羅馬書 9:18）。但聖經作者也不否認法郎也有責任，因為法郎「硬了（自己）的心」（參見出谷紀 7:13-22）。

同樣地，〈撒慕爾紀〉中「擾亂」撒烏耳（掃羅）的惡魔，也並沒有完全被描繪成邪魔，而是「有惡神從上主那裡來*」。在〈民長紀〉中，也是類似的惡神被上主派遣去激怒舍特（示劍）的領袖們，使他們背棄以色列王阿彼默肋客（亞比米勒）★。此外，在〈撒慕爾紀下〉24章1節，是「上主大發忿怒」而激動達味去統計猶大和以色列的支派。達味後來承認，自己統計人民而犯了重罪，並說自己所行的實在昏愚☆。

〈編年紀上〉的第一卷書（21:1）不再將這種試探歸因於上主或祂的怒氣，而是歸因於撒旦。但牠在這裡所扮演的角色，只是上主的工具，類似於上主派去毀滅索多瑪城的使者（創世紀19:13）或是奉命擊殺埃及長子的「毀滅者」（出谷紀12:23）。後來〈智慧篇〉將此事比喻為「全能的聖言」在「萬籟俱寂，黑夜已奔馳一半路程時……帶著你不可收回的成命當作利劍」（智慧篇18:14-16）；或是擊退十八萬五千名亞述人的上主的使者（列王紀下19:35；編年紀下／歷代志下32:21）；或是〈厄則克爾〉（以西結書）9章1節中描繪的「聖城的災難」；或是擊殺誣告蘇撒納的兩名老人的「天主的天使」（達尼爾／但以理書13:55、13:59）。

撒旦也在〈約伯傳〉的序幕（第1及2章）中，以「敵手」的名義出現。

＊「上主的神離棄了撒烏耳，便有惡神從上主那裡來擾亂他。撒烏耳的臣僕對他說：『看，由天主那裏來的惡神時來擾亂你。』」（撒慕爾紀上16:14-15）

★「天主使惡神降在阿彼默肋客和舍根公民中間，舍根的公民便背叛了阿彼默肋客。」（民長紀9:23）

☆「達味統計人民以後，心中感到不安，遂向上主說：『我做這事，實在犯了重罪。上主，現在我求你，赦免你僕人的罪，因為我所行的實在昏愚。』」（撒慕爾紀下24:10）

但這裡並非指邪魔，而是上主天堂中的一位天使，像其他「天主的眾子」一樣，似乎是在天上的法庭執行公訴人的職責，負責確保世人尊重神的正義和公道。因此，他是以神所授予的權柄，為了神而行事。

排山倒海地降在約伯身上的試煉是直接來自於神（約伯傳1:11、2:5），撒旦只是神的工具，因此在詩歌中，約伯也只提到神（約伯傳6:9、7:19、14:19-20、16:12、19:6-22）。從表面上來看，撒旦是為神做事，但我們可以感受到牠的行為背後有一種敵意，就算未必是對神的敵意，至少是對人類的；撒旦的目標不僅是約伯的財產和肉體，還有他的靈魂和正義——這正是撒旦完全不相信的。這個公訴人幾乎成為一個試探者了。

如此看來，《舊約》似乎與古代東方的觀念一致：惡魔被「人格化」成可以支配人類的邪惡力量。巴比倫文學中有許多關於魔鬼學的記載，包括魔法儀式、驅魔和解除邪魔控制的方法。古代的聖經世界似乎也有類似的概念，但敘述的極為保守、細微，例如在極為少數的幾處經文中，有提到曠野中的邪魔（參見耶肋米亞／耶利米書16:10；依撒意亞／以賽亞書13:21、34:13-14）。

直到充軍歸國的時期結束後，才明確區分了天使世界與惡魔世界（參見多俾亞傳）。從這一刻起，人們開始將邪魔與異教神祇劃上等號。直到後聖經時期的猶太信仰，真正的基本魔鬼學概念才成型：邪魔被描述為墮落的天使，是撒旦的同夥，違逆天主，並敵視人類。

存在於世上的邪惡力量

福音中，耶穌開始公開傳道時，魔鬼以試探者和腐化人心者的形象出現（參見馬爾谷福音／馬可福音1:13）。試探的目的是破壞神子耶穌的尊嚴，並阻止耶穌將天主聖言的生命禮物帶給人類。

魔鬼試探的事件戲劇性地為基督要宣講的訊息奠定了基礎，顯示福音重於一切，所以撒旦與基督爭鬥，想要阻撓祂的使命。實際上，撒旦甚至企圖要使基督放棄祂的使命，或使祂與自己的門徒反目成仇……在這個背景下，耶穌的復活也有了新的意義：這是面對撒旦的最終勝利，也就是耶穌戰勝了死亡；祂將天主救贖之愛的勝利，送給了人類。

十字架和耶穌的復活證明了魔鬼的權勢已被褫奪，等到基督光榮再臨時，將會揭示這個事實。然而在此期間，世界和人類，特別是教會及其成員，仍將不斷地遭到這些權勢的攻擊。

以下這些武器可以用來對抗魔鬼的權勢：信德和順服、公義和真理的行為、警醒，以及分辨的神恩。但這些力量的名稱是什麼呢？在《新約》中，它們被稱為執政者、掌權者、有大能者或有德行者，既有單數也有複數（羅馬書8:38；格林多前書／哥林多前書15:24；厄弗所書／以弗所書1:21、3:10、6:12；哥羅森書／歌羅西書1:16；伯多祿後書／彼得後書2:10；猶達書／猶大書第8章）。

邪惡的力量，無論單數或複數，也被稱為：元首、世界的首領、外邦神、魔鬼的使者、邪魔、惡神、不潔的神、邪惡的鬼神、惡靈，以及宇宙的元素（參見馬爾谷福音3:22ff.；若望福音12:31、16:11、14:30；格林多前書2:6-8；厄弗所書2:23）。

撒旦也被稱為魔鬼、貝耳則步（別西卜）和貝里雅耳（彼列）。他在神話中被描繪為蛇、龍或獅子，也被稱為壯士、惡者（Evil One）、控訴者、試探者、毀滅者、反對者和敵人。此外，他還被描述為「這世界的元首」、「空中權能的首領」以及「今世的神」（參見瑪竇福音9:34、12:24；若望福音12:31）。

這些名稱只有極少數是出自《舊約》。根據最新的研究，「邪魔」這個名稱（按《七十賢士譯本》的翻譯）來自希臘化的世界，而《新約》中提到的「權勢」則來自猶太教，特別是主張末世論的一派，他們借用了某些鄰近地區的宗教術語。因此，耶穌、宗徒們，以及早期基督徒團體對這些術語沒有多做評論，因為這是他們周遭的外邦人和猶太文化沒有聽過的。除此之外，《新約》也完全無意探討這些現象的理論或進行相關的思辨，甚至，這些邪惡權勢的各種稱謂還具有某種程度的互換性。

福音書的作者知道耶穌如何命令惡靈離開被害者，所以他們能夠生動、寫實地敘述魔鬼的存在。那麼，福音書在傳達魔鬼存在的訊息上，成效如何？福音書將附魔視為耶穌救贖工作的一部分，這種描述附魔病患的方式並不符合當時人們的普遍觀念。事實上，按照福音書的說法，耶穌來到世間是為了摧毀撒旦的國度，以建立天主的國——這個撒旦的國度並非一種抽象的邪惡力量，而是具體存在於世上的實體。

因此，若是刪除福音書中對撒旦實際存在的肯定，將會從根本上改變這一重要信息。更重要的是，聖若望（約翰）、聖保祿（保羅）、福音書對撒旦存在的肯定，是教父們深刻而廣泛的教義性著作的主題，也是拉特朗第四屆大公會議對教義定義的基礎：「這不是教會任意的教導，而是與啟示緊密相關的核心真理。」

一旦我們的信仰肯定撒旦確實存在，我們稱之為「魔鬼異常行動的邪惡記號」的現象，就成了「惡者」真實存在的可信反思。猶太教研究學者保祿·薩奇（Paolo Sacchi）似乎也持有相同的觀點，他指出：

魔鬼多變的偽裝相貌，並非幻想出來的……魔鬼絕非只是一種不合邏輯的感覺；相反地，牠凝聚了人類在面對邪惡問題時所需要的最理性思維。

魔鬼就像一個要解開複雜方程式的未知數，我不知道這是幾次元或幾次方的方程式，我只知道它包含了多個難以彼此調和的「係數」，例如：公義天主的存在、人類的自由意志——這種自由使人在善與惡之間做出選擇，其中一個選擇「光明」源自於神，而另一個選擇「黑暗」則無法——至少無法直接——歸因於我們自身。

魔鬼的形象也讓人預感到惡靈是一個有組織的勢力，因為牠的目標不只是要摧毀某個人或某件事物，而是要摧毀所有人及所有事物，因此這不可能只是單純一個惡神的作怪。魔鬼是一種讓人外在及內在都會感受到的力量。

猶太信仰所說的魔鬼，既不是歌德所說的「萬物皆有的，被稱為黑暗的部分」，也不是古代客納罕（迦南）神話所說的死亡的歸處。魔鬼證明了惡靈是存在的，並且會一直存在，而且牠總是混亂的禍源，因為牠是反秩序的勢力，絕不可能成為確保現有架構安定的一員。

正如保祿在寫給厄弗所教會的信中所指出的，這權勢「在天上」有它們所在的位置，因而也有其本質（1:21）；它們屬於「不可見」（哥羅森書1:16）的領域。它們是一種個人化的存在——亦即「它們是通過智慧和意志所感知的存在，就像一個對話者……具有理性且擁有意志」。這些存在也擁有力量（參見厄弗所書1:21；哥羅森書1:16；羅馬書8:38）。從上述引用的文字中，我們可以得出以下結論：

- 這些權勢的名稱揭示了它們本身及其本質。
- 它們不僅擁有力量，它們的存在本身就是力量。
- 它們具有這種本性，想去掌控世界和人類，藉此在世界與人類身上（並透過它們）展現自身作為「權勢」的本質（參見路加福音13:11、13:16；瑪竇福音12:22）。

- 在這些權勢的影響下，世界與人類的存在都顯現出死亡的面貌，因為它們一旦掌控，便將其引向死亡。
- 〈創世記〉的經文沒有明確說出這權勢的名字，沒有向讀者說明這權勢的本質，沒有解釋其來源，只是藉著揭露其形象來教導我們那些事是重要的，並指引我們實際的行為。

「惡」究竟是什麼？

讓我們再回到起初（創世記），在這裡，作者刻意迴避了善惡二元論*的危險：一方面來說，蛇是神的受造物，「在上主天主所造的一切野獸中，蛇是最狡猾

＊二元論：一種主張宇宙中有兩股對立的力量（善與惡）的理論。

的」，牠將因反叛神而受到嚴厲的懲罰（創世紀3:1、3:14）；但另一方面來說，蛇也是一個與眾不同的受造物，擁有超越人類的知識與能力——牠知道一些亞當和厄娃（夏娃）不知道的事情，尤其是，牠知道如何操縱人，以取得勝利並破壞神的工作。

為了推展自己的計劃，蛇全心關注著人的利益。蛇的第一句話沒有讓厄娃心中掀起任何懷疑，而只是天真地回應了牠。然而，這個對話一開始，就已經可以預見其後果了。蛇別有居心，牠不相信神的禁令的嚴重性，牠認為這只是神維護自己特權的手段罷了；只有傻子才會相信神是為了人的利益。相反地，牠認為人要違背這個禁令，才會變得像神一樣知道善與惡。蛇撒下疑惑的種子，當人開始懷疑神的命令的絕對性以及神的純真之愛，蛇就得勝了。

那麼，「惡」究竟是什麼？「惡」不是一種實體，也不是一種德行，而是一種本質上的「欠缺」。若說「惡」不存在，那是過分輕忽了「惡」，「惡」絕非微不足道之事。我們可以說，「惡」就是完美的欠缺，是未能符合自身本性的欠缺，是對自由意志的濫用。因此惡的最根本肇因，就在於自由意志的使用。《聖經》告訴我們，並非所有「惡」都是由人造成。確實，最起初，是人犯了「惡」，但這是因為他受到外來的誘惑。如果仔細研讀〈創世記〉的故事，我們會察覺到《聖經》並沒有允許人逃避責任，也沒有說因為亞當和厄娃受到魔鬼的誘惑（欺騙）而不需負責任。它只是說誘惑的力量很大，而且，有一種惡，總是在人的每一次行動前就以某種方式存在了。

換句話說，「惡」具有某種隱喻或象徵性的層面，指的就是那些因為自由意志被濫用（墮落）而成為惡靈的存在。聖經在描述天使的受造與墮落時，曾對此有所暗示。雖然在經文中，這類直接的陳述不如世界與人類的創造那樣明確（至少，沒有非常強調），但仍能找到相當清楚的指引。

例如，在〈伯多祿後書〉（彼得後書）2章4節與〈猶達書〉（猶大書）第6章的經文中，就有關於天使墮落的明確記載。另外，當聖保祿談到「掌權者」與「有權能者」時，也有明確指出他們是受造之物（羅馬書8:38）。

否認魔鬼或惡靈的存在，無異是陷入被福音駁斥的摩尼教（Manichaeism）謬誤。我們可以看到這種無可救藥的結論，例如，某些新教神學家堅稱魔鬼是一種「心理結構」。這是什麼意思呢？就是說，「惡」具有客觀的一致性，或是說魔鬼是人心中的邪惡傾向。這是一種非常古老的觀點，我們在《塔木德》（*Talmud*）中也可以找到這種論點。然而，這種論點造成了另一個問題：如果人一出生，心中便有惡的傾向，那麼，這種傾向必然是來自天主。

許多這類神學家認為耶穌與祂同時代的人一樣，也相信魔鬼、天使……等等的存在，但這並不正確，因為即使在耶穌時代，也有一些人否認魔鬼與天使的存在，例如撒杜塞人（參見宗徒大事錄／使徒行傳23:8）。此外，福音很清楚地記載，耶穌經常公開駁斥一些當時普遍接受的信念，顯示出祂是完全獨立的。

更嚴謹的研究確認〈默示錄〉（啟示錄）不僅是一種「文學體裁」，更是神學論述。因此，詮釋〈默示錄〉的基本原則，應著重在其內容而非其表達的方式。這樣說來，本書內容核心的末世論是關於「惡」的問題：魔鬼不是一種象徵性的形象，而是需要解決的重點：惡並非某種「東西」，而是濫用自由意志，因此是基於人的問題。與惡的鬥爭被戲劇化，其目標不是不可抗拒的自然法則，而是可以被克服的個人力量及可以被削弱的邪惡勢力。這正是末世信息的矛盾與模糊之處——充滿戲劇性的張力與耀眼的希望。

拉特朗第四屆大公會議的信仰誓詞肯定地說：「天主在時間的肇始，就從無中創造了精神的與物質的受造物，即天使和大地；其後，祂又造了人類，具有靈魂和肉體，好像是集二者之大成。」

因此，如同所有可見與不可見的受造物，撒旦並非從永恆就已存在，而是在時間的起初被創造的。因此，撒旦是天主的受造物，也是一個個體：人是有靈魂與肉體的個體，而撒旦是比人更精神性的天使，是「純精神」體，完全獨立於物質之外。然而需要指出的是，有關天使與撒旦作為純精神存在的教義，在《聖經》和幾乎所有教父傳統中都沒有做出確切的對比，但教父們傾向於認為他們具有某種微妙的靈性的形體。

雖然沒有任何大公會議正式定義天使的純精神性，但教會接受士林哲學，尤其是聖多瑪斯．阿奎那（Thomas Aquinas）的天使學對此教義的闡述。事實上，雖然沒有被正式定義，當今神學家還是接受這種不確定性，同時也肯定天使的純精神性；縱使這種情形不理想，也不會將之視為異端而排斥。天使或撒旦的有形顯現也與這一理論沒有衝突，即使他們需要利用物質性元素來顯現給人看或出現在某處，也都是天主允許發生的。

阿摩特神父生性耿直，在成為戰鬥性極強的驅魔師之前，他素以溫和、平易近人和包容的性格著稱。他天生就非常同情來尋求幫助的人，即便在最痛苦的情況下，他也能以略帶玩笑的幽默語氣化解沉重氣氛。許多人在他身上看到治癒者耶穌的形象——祂轉向受苦者與附魔的人，解救他們脫離凶惡與魔鬼。

阿摩特神父去世後，殯葬前，長長的人龍走過他的靈柩旁，向他致上最後的敬禮，見證了他所行的一切善工。

阿摩特神父論魔鬼與巫師

在阿摩特神父的一本遺作中，他在論及魔鬼時說：

在我的一生中，必須回答無數關於驅魔的問題。最常被問到的問題是：「是否有的驅魔師比其他人更強、更有能力？」

我不否認，驅魔師與驅魔師之間確實有差別。但這些差別究竟是什麼，總是難以評斷。有些是靈性的因素，例如祈禱的熱心、與天主的契合和所做的犧牲；也有人性的因素，例如經驗、智慧、學識和直覺。但這一切往往是相對的。

有些驅魔師善於處理某類邪魔，但對其他邪魔則不那麼拿手。我再次強調，這種現象的原因很難解釋。有一位法國的驅魔師在回答他的主教提出的類似問題時，給了主教一張清單，列出他自己從事這項事工以來，每年所學到的新事物。實際上，他想要說的是：「我只能和過去的自己相比，我發現我總有需要學習的地方，但我也看到經驗帶來的好處。」

當然，要從魔鬼手中獲得釋放，涉及多種因素：被魔鬼侵擾之人的信仰深度與祈禱生活；教會內為他代禱者的信仰，以及驅魔師的參與——他是天主藉著教會所使用的工具。我也注意到，有些驅魔師善於對抗某一類的魔鬼詛咒，而另一些驅魔師則更擅長處理另一類魔鬼詛咒。然而最終，一切取決於天主的旨意，祂按照自己的意願將恩典賜予人。所有感謝都應歸於祂。

驅魔師常被問到的另一個問題是：「巫師與驅魔師有什麼差別？」瞭解這個答案至關重要，因為人們常向他們絕不該接觸的人求助。我們姑且不論那些假冒巫師的騙子，真正的巫師是以撒旦的權勢行事，而驅魔師則是仰仗耶穌之名與教會代禱的力量。這是每個人都應該知道的事。

巫師（如果是真正的巫師）都是撒旦的門徒，因此他們除了將求助者推向更深的絕望、空虛與無盡的痛苦外，一無所能。無論是經由什麼管道或基於任何原因，求助於巫師都毫無益處。即使一開始碰巧感覺到病情好些了，這些微不足道的益處很快就會消失，隨之而來的是墜入更深的痛苦。

我認識很多人，他們的生活徹底被毀，因為他們求助於巫師。無論如何，切記：除了驅魔師的幫助外，以信德、謙卑與愛心（即不期盼任何物質報酬）祈禱，也是非常有效的。我們要互相代禱，這是天主對我們的邀請。每個人都能以自己從洗禮中獲得的信德——也就是在洗禮時領受的普通司祭職的權柄——來為他人祈禱，聖職司祭的祈禱則更具效能。這些屬於私人祈禱的性質，與驅魔的聖儀無關，但是這些祈禱仍能結出豐碩的果實。

我認識很多能夠有效地祈禱或祝福的人，但我也認識一些以巫術聞名的人，其實他們只是騙子或偽君子，根本不是真正的巫師。我們不能期待教會對每一個案件都表達其立場，因為這樣的案例太多，且不一定值得被官方認可。我們必須要有常識，並且懂得如何理性判斷。神父對於堂區內發生的個別狀況應能給予適當的建議，並且必須告訴所有教友：無論什麼原因，都不要求助於巫師。

我們再來談談巫師的問題。讓我們再次自問：「去找巫師是罪嗎？」是的，求助巫師是迷信的罪，是違背第一條誡命的罪，是《聖經》明確譴責的行為。

求助於巫師，有時可能會使情況好轉。但經驗告訴我們，這些益處往往只是暫時的療效，隨後就會消失，接著情況就會變得更糟。在這種情況下，這個不幸的人是被一個與撒旦相關的巫師治療。結果是，經由巫師，他與兩方都訂了契約，而這種連結會帶來嚴重的後果，並且很難斷絕。

還有相命師。求助於相命師是一種迷信的罪行，這可能是重罪。例如，有人只是出於純粹的好奇心，去聽塔羅牌對自己的預測。這種輕率的行為，會讓人有陷入泥沼、難以自拔的風險。

相命師通常可分為三類：第一類是騙子，專門從無知的受害者身上詐取金錢；第二類是擁有某些超自然能力的人，他們利用塔羅牌算命，就像占卜師用占卜棒來找水源一樣；第三類是使用魔法牌並添加一些法術來占卜的相命師。

驅魔師則完全不同。他們能夠成功，是因為在驅魔時，是基督在行動。他們也可以做遠距離的驅魔。我就常在電話中有效地為人驅魔。

然而，如果當事人不願意，就無法為他驅魔。上主願意給人恩寵，但祂絕不強加於人。例如，常有人對我說，是他的家人叫他來，因為他們認為他著魔了。但這些人不祈禱，從不進教堂，也不相信天主，絕不會接受神父的祝福。在這種情況下，唯一能做的就是為他們祈禱。

有兩個常被問到的問題。第一個是：「驅魔師會弄錯嗎？」例如，有人說：「我帶家人去見驅魔師，但他沒發現什麼。」或是：「他的行為實在讓人懷疑是魔鬼作祟，有一個對靈異很敏感的人也說他是遭到魔咒。驅魔師有可能判斷錯誤嗎？」對於這類情況，我會建議再找另一位驅魔師，諮詢他的意見。但不要忘了，有些病人會不停地從一位驅魔師換到另一位，直到他聽到自己想聽的話。這種情形需要一位好醫生，或是為他的這些執念做一系列的釋放祈禱；當然，必須當事人願意配合。

第二個問題：「驅魔師會遇到哪些主要的障礙？」有時在診斷時，即使有醫學專家的協助，也會遇到障礙。若是一個人已經被確診有魔鬼引起的問題，但患者不願意配合，就會有很多障礙。例如，這個人可能拒絕誠心地皈依天主，也不願意善度恩寵的生活、多祈禱，以及常領受聖事。

人有惰性，常有被動的傾向。有人請求我說：「神父，請幫我釋放出來，遠離魔鬼。」我的回答常是：「不，你必須自己釋放。我只能幫助你，告訴你方法。」

有些人拒絕天主的恩寵——無法真心誠意地寬恕，無法改變根深蒂固、充滿罪惡的生活方式，無法斷絕與魔鬼的牽連，因為必須切斷某些人際關係（罪惡的情誼關係、根深蒂固的惡習等）。驅魔師的任務是將人靈帶到基督前，基督才是釋放者。所有阻礙人與天主合一的事物，就是驅魔師工作的障礙。

畢奧神父的驅魔故事

這裡必須強調，阿摩特神父與聖畢奧神父＊之間的靈性契合是很重要的，阿摩特神父經常回憶這段關係。他說：

我追隨畢奧神父二十六年。我第一次去拜望他是在一九四二年的戰爭期間，此後我一直忠實地追隨他直到一九六八年。我記得兩次彌撒：第一次彌撒，印象十分深刻，接著是期間的所有彌撒，還有最後一次我襄禮的彌撒，歷時約一小時又四、五十分鐘。

第一次彌撒，他在祭台上，可以看出他竭力掩飾自己的疼痛。熟悉他這樣做的人模仿給我看，他怎樣假裝用手帕擦汗，其實是在抹淚，因為他在彌撒中承受著極大的痛苦而哭了。我也看過他幾次在彌撒中跪拜時，似乎無力站起來。當我

＊編注：畢奧神父（Fr. Pio of Pietrelcina）是當代最傳奇的宗教人物之一，也是義大利人氣最高的聖人。他身負基督「聖傷」，他的雙手、雙腳與肋旁不斷流血且疼痛異常，傷口散發著奇妙的馨香。此後五十年間，一直有不同醫生試圖治療他，但傷口始終沒有癒合，疼痛也未曾減輕。他擁有的超性恩賜更是科學難以解釋，他能讀心、說預言、驅魔，他行使的醫治奇蹟更是數不勝數，幫助並改變了無數人的生命。想知道更多詳情，請參見《聖五傷畢奧神父傳》（啟示出版）。

想到這些事與他試圖掩飾疼痛的樣子時，我終於瞭解了他與克萊奧尼絲*的著名對話：克萊奧尼絲問他在祭台上有什麼感覺，他答說：「我覺得自己就像十字架上的基督。」

他確實經歷了基督的受難。我們常說，彌撒是基督受難的血淋淋的重現，以神學而言，這完全正確。而我要說，從主禮者的角度而言，畢奧神父每次在主禮彌撒時，都是一個血淋淋的主祭。畢奧神父承受極大的痛苦，他重現了基督的受難。

當我還是年輕神父時，對驅魔的事情一無所知。我第一次接觸到驅魔的事情是在布雷西亞近郊，波河河谷的托爾博萊卡薩利亞（Torbole Casaglia）。當地正在舉行一系列的彌撒及活動，慶祝本堂神父內格里尼（Faustino Negrini）晉鐸四十週年，並邀請我在彌撒中證道（那天我講道五次）。內格里尼神父原本是孔切西奧地區（教宗保祿六世的出生地）的海星聖母聖殿（Marian Sanctuary of Stella）的主任司鐸，後來他成為驅魔師。在談話中，他提到他正在進行的一次驅魔，並帶我去看望這位病人。

這位附魔的女孩，依諾絲．撒羅莫妮（Agnese Salomoni），是內格里尼神父堂區的教友，年僅十四歲。內格里尼神父問惡魔：「你為什麼選擇這個女孩？」牠答說：「因為她是這個堂區裡最好的。」

那時，內格里尼神父還不是驅魔師，但主教授權他為這女孩驅魔。有時，主教會授權給一位神父，為特定的某人驅魔，也只能為這個人驅魔。所以，內格里尼神父為撒羅莫妮驅魔十三年。他也曾帶我去醫院看她。

撒羅莫妮二十六歲時得到釋放，在這麼長的一段時間裡，內格里尼神父帶她去見過一次聖畢奧神父。他開車從托爾博萊卡薩利亞到聖若望羅通多。這是一段可怕的旅程，因為車子不時地熄火。司機打開引擎蓋檢查，一切正常，沒有問題。然後，內格里尼神父祈禱並進行驅魔，車子又能行駛，惡魔則在一旁大笑。

＊克萊奧尼絲．莫卡爾迪（Cleonice Morcaldi）是聖畢奧神父的一位靈性上的女兒。她寫了一本關於她與聖畢奧神父的書，名為《我與聖畢奧神父的生活》（*La mia vita vicino a Padre Pio*）。

這段旅程真是糟透了。當他們抵達聖若望羅通多時，惡魔對聖畢奧神父感到害怕。但是，當內格里尼神父向聖畢奧神父介紹這位女孩，聖畢奧神父祝福她時，卻什麼也沒有發生。在回程時，惡魔勝利了，沒有任何障礙，惡魔對聖畢奧神父比了一個勝利的手勢，好像是在說：「我贏了。」

我們由此看到，即使是聖畢奧神父也不一定能夠使人得到釋放。上主有祂的計劃。但我相信聖畢奧神父也有一種特殊的感知能力，他知道自己能分辨一個附魔的人是否成熟到能夠被釋放。他瞭解，那就是當時的情況。他甚至給了祝福，而女孩依舊如故，什麼也沒發生。

我還記得另一位附魔的年輕女性到聖若望羅通多時，造成騷動——有人哭喊、尖叫等等——但聖畢奧神父沒能讓她得到釋放。顯然，時候未到。天主有祂對每個人的計劃。

釋放這件事本身和釋放的時間，取決於很多因素——例如附魔是如何發生的。有些人什麼事都做過：他們練習過魔法，甚至巫術；有些人加入撒旦教派，或者用詛咒過的物品陷害他人，而且自己也被附身。然後他們皈依基督，但是要讓這些人得到釋放，需要費時很多年。如果是一個比較嚴重的案件，當事人經過四、五年的驅魔後得到釋放，我就感到滿意了。我有過幾個少見的案例，在幾個月內就釋放了。另一個案件，我想大約是在一個半月內被釋放的，但我不太確定。

我相信聖畢奧神父具有特殊的感知能力，能夠分辨一個人是否可以被釋放。曾有一位神父陪著一位年輕人來見畢奧神父。這位年輕人由兩名健壯的朋友扶持著，因為他在領聖體時，常會喊叫並強力掙脫他們的控制。這位年輕人一看到畢奧神父就開始顫抖。畢奧神父盯著他看，並說了一句話：「離開他。」就在那一刻，年輕人就被釋放了。但這種類型的釋放極為罕見。

第
3
章

迷失的世界：比過去更需要驅魔的年代

❖

by Marcello Stanzione

造成信仰衰微的現代潮流

相較於過去，即使是不久前的過去，整個世界似乎都大大地改變了：社會文化、政治、經濟，尤其是宗教秩序，都在不斷地變化。

在一個價值觀支離破碎、搖搖欲墜的社會中，天主教也飽受攻擊，面臨被貶低及邊緣化的危機；世風日下，人心不古，教會甚至可能淪為無足輕重的少數族群。由於青少年的身分認同危機以及對安全感的追尋，我們看到新的宗教狂熱趨勢——新時代運動（New Age）、各類宗派、神秘主義和東方宗教——成為取代基督信仰的選項，因為基督信仰日漸被視為一種即將崩潰的過時信條。

現今的年輕人具有許多正向的特質，例如慷慨和社會性；但同時也存在著所謂的「年輕的焦慮」，這是一種身分認同的危機，表現出因為各種意識形態的變化與複雜性所造成的思想混亂。結果，導致了不安全感和疏離感，年輕人經常顯得自身沒有可供驗證的價值，例如偉大的理想和雄心勃勃的計劃。因此，在這樣的「價值觀危機」背景下，年輕人在個人崇拜中尋求庇護（甚至偏激到成為個人主義），追求即時行樂（享樂主義）、消費主義、感官滿足，以及在同儕和親密關係中尋求安全感。

年輕族群中普遍存在著不信任社會制度以及害怕承諾的現象，這些負面情緒促使他們依戀轉瞬即逝的事物。同時，他們也日漸疏離基督信仰，雖然對無神論的興趣有限，但對信仰的冷漠和不重視卻越來越明顯，對宗教活動、告解和祈禱的興趣也在消退。

現在的年輕人也正在經歷一種家庭危機。農業社會的大家庭已不復存在，取而代之的是核心家庭（父母與一個孩子）——拉波波特*稱之為「雙薪」家庭模式，父母不惜一切代價追求事業目標而無法專心照顧家庭。

除了核心家庭外，現代的家庭模式還包括以下幾種：未婚父母組成的家庭；只有父或母一方及孩子組成的單親或破裂的家庭；以及所謂的「重組家庭」或「延伸家庭」，可能包括一對結婚的夫婦、他們婚生的孩子，以及雙方前次婚姻或其他關係所生的孩子。這一類的家庭，還可能包括前配偶及其現任伴侶。

忙於事業的父母可能忽略了他們的孩子以及孩子所需要的對話和傾聽，因為職場工作的要求壓縮了建立良好個人關係的空間，結果造成許多兒童和青少年的怨恨。

有些父母想以物質上的富裕——漂亮的衣服、過多的零用錢等等——來彌補沒有陪伴孩子成長的遺憾，但他們沒有花時間與孩子玩耍、跟他們交談，或關切他們內心最深層的需要。

因此，現代家庭的重大危機在於價值觀的顯著敗壞，以及沒有健全、有效的教養孩子的方針。今天，許多涉及霸凌行為的孩子和青少年，其實只是渴望有人愛他們、理解他們，並聆聽他們的心聲。

對抗空虛與虛無主義的有效方法，就是新的福傳事工（也就是傳福音）。傳

* 羅娜．拉波波特（Rhona V. Rapoport，1927-2011），一位社會學家，著有《雙職業家庭》（*Dual-Career Families, London: Pelican Books*, 1971）及其他多本書籍。

福音是一個轉折點和挑戰，但最重要的是，這個使命能為許多心靈被利己主義、享樂主義、個人主義、物質主義等價值觀的文化影響，而陷入邪教和撒旦主義危險的年輕人帶來救贖。

被救贖的兩個女孩

十七歲的美國女孩卡西和義大利女孩彌爾娜，這兩個重要的案例，讓我們可以繼續懷抱希望。

卡西曾因酗酒而迷失自我，並有自殘的行為。她迷戀吸血鬼和死亡，熱愛瑪麗蓮．曼森（Marilyn Manson）的撒旦音樂，甚至曾想殺死自己的父母。然而，就在某個時刻，她的生命轉變了，這告訴我們沒有任何人或事是無法挽救的。卡西開始參加一個基督徒青年團體，耶穌進入了她的心中。

從那時起，她開始四處為自己的皈依與信仰做見證，直到她在一九九九年四月二十日悲劇性地驟逝。兩名少年闖入她的學校——科羅拉多州利特爾頓的科倫拜高中（Columbine High School），槍殺了包括學生和教師在內的十三人。殺人前，這兩名年輕凶手質問包括卡西在內的每個人「是否相信神」。卡西回答「是的」，於是他們殺害了她和其他同樣回答「是」的人。卡西想要藉著她回答的「是」，來彰顯啟發她信仰的勇氣。

彌爾娜這個名字，是一個為了敬禮總領天使彌額爾的女性聖名。這位女孩曾加入義大利一個撒旦教的支派。當這邪教計謀要殺害基督徒組織「新地平線」（New Horizons）的創辦人時，彌爾娜意識到自己不能再待在這個邪教了。她下定決心要脫離撒旦教，並加入了「新地平線」團體。

她在撒旦教時參加了黑彌撒而被魔鬼附身，經過一段密集的心理與靈修鍛鍊並接受了驅魔後，她終於被釋放出來。不幸的是，對現在許多年輕人來說，邪教和新興的宗教運動有一股致命的吸引力，以致他們遠離信仰，不願意過著基督徒的生活。因此，我們必須展開新的福傳使命來幫助那些處於險境的基督徒青年。

教會的這個新福傳任務可以經由具體的慕道過程來執行，包括為那些有心追求信仰並希望成為（或重新成為）基督徒的人，設計一套完整的活動計劃。這是教會進入世界的行動，以福音的見證、教育與普及化的活動，來推動社會的轉變並促進和平。

相對於這項傳福音的工作，《哈利波特》小說的暢銷是一股令人不安的逆流。這系列的書籍已經銷售超過三億五千萬本，被翻譯成六十五種語言。最著名的驅魔師、聖保祿會的阿摩特神父明確地指出，《哈利波特》書籍對兒童可能會產生某些不良影響，造成他們沉迷於魔法儀式。

如果我們真心願意幫助孩子和青少年遠離那些會造成毒害的魔法書籍，父母和老師就必須為他們挑選內容故事兼具娛樂性及教育性的優良讀物。這些書籍中的魔法僅是表達故事教訓的手段（例如傳統的寓言故事），而不是故事的核心（《哈利波特》就是個例子）。我們也應選擇一些與《聖經》和聖人傳記相關的故事書，這些書向我們展示了天主奧妙的面貌，它們遠比魔鬼為引誘人類走向永罰地獄而施展的巫術與魔法更加真實、美麗，而且引人入勝。

有人可能會問，為什麼人們對驅魔師的需求這麼大？為什麼魔鬼似乎以磨難眾人為樂？從神創造人類以來，撒旦就有一大批追隨者。由於魔鬼的行為是出於對神的憎恨，人類被迫一直必須對抗魔鬼的誘惑與騷擾。然而，現在有一種令人擔憂的現象，就是否認神的存在。如今，現代盛行的文化認為，理性和科學足以解釋一切，從而否定了萬物之源的神，因此，人類免不了要自食其果：誰否認神，就是將自己交給魔鬼，任其處置。

主耶穌曾明言：不隨同基督的，就是隨同撒旦，沒有其他選擇或折衷之途。今日，我們面臨一個前所未有的狀況，大多數人要麼相信撒旦，要麼相信根本沒有撒旦。因此，牠可以肆意妄為，用各種方式誘惑及困擾人類，而不用擔心他們認為這些惡事是來自於牠。

專訪阿摩特

對「否認惡魔實際存在」的批判

以下是阿摩特神父回答作家安吉拉．穆索勒西（Angel Musolesi）關於魔鬼真實性的問題的重點摘要。

Q 有人說不應該過分談論魔鬼，關於魔鬼的談論是否太多了？

A 教宗方濟各就職後的最初十次講話中都論及魔鬼，而且他常提到牠。此外，他還將梵蒂岡祝聖獻給總領天使聖彌額爾，以保護梵蒂岡免受惡者的侵害。除此之外，對惡魔的談論並沒有太多，我們需要談得更多。所有神父都應該不斷地提及牠。

Q 有這麼多人（甚至在教會內）都不相信魔鬼的行動，為什麼？

A 確實如此。這些人不相信魔鬼的存在或牠的行動。但我要強調主基督說過的一句非常斬釘截鐵的話：「不隨同我的，就是反對我。」（參見瑪竇福音12:30）因為撒旦與祂為敵，祂這句話無異是說：「不隨同我的，就是隨同撒旦。」沒有折衷的辦法。人不隨同耶穌，就是隨同撒旦。即使一個人有點相信魔鬼的存在，但如果他不相信耶穌的教訓，他仍等於是隨同魔鬼。聖經，尤其是福音，以及教父們都反覆論及魔鬼和祂在世上的行動。

Q 某些神父宣講，說福音提到耶穌將人從魔鬼手中釋放的事，只是一種象徵，而非真實事件。

A 這是錯誤的。他們扭曲了福音的真意。

Q 為什麼有許多神父在講道中小看惡魔的行動，並且拒絕幫助那些被魔鬼騷擾的人，甚至對他們說「這沒什麼，只要祈禱，魔鬼就會消失了」？

A 他們錯了。魔鬼的力量非常強大。必須要告訴這些神父，再讀一下《聖經》。聖若望說「全世界都屈服於惡者」（若望一書／約翰一書 5:19），我們還需要什麼證明？耶穌兩次稱牠為「這世界的元首」，聖保祿宗徒也稱牠為「今世的神」（參見若望福音 12:31、14:30；格林多後書 4:4）。

Q 既然世界已經祝聖獻給聖母，她也要求世人踐行連續五個月的首週六敬禮，為什麼魔鬼仍能在世界上肆虐？

A 因為世界仍在魔鬼的權勢下，因為世人遠離天主——人們不為自己的罪告解、不參加彌撒、不相信天主。只有一些人做這些敬禮，他們只是少數。這就說明了為什麼魔鬼仍能在世界上踐踏人類。

Q 我們來談談釋放祈禱吧，因為對這事有很多混淆的說法，甚至在神父之間也不同調。有些相當知名的驅魔師的著作堅稱，驅魔與釋放祈禱之間的主

要區別在於，驅魔是對魔鬼直接下令，而釋放祈禱只能懇求天主的介入，並不能直接命令魔鬼。這是真的嗎？這是兩者的區別嗎？

A 不，這不是真的。我們還是必須從福音來看，因為我們是從這裡得到指引：「信的人（因此，無論是男人、女人、成人或兒童）因我的名驅逐魔鬼，使人痊癒。」（參見馬爾谷福音16:17-18）只需要信賴耶穌，相信耶穌聖名的力量。

Q 一些驅魔師堅稱某些釋放祈禱不能直接命令魔鬼。然而，多年來你在瑪利亞電台說過，釋放祈禱是私人祈禱，因此既可以是對天主的懇求，也可以是對惡魔的命令。從你的角度來看，為什麼他們一直說一位母親不能為了她自己、為她自己的問題，或為她的孩子或丈夫，直接命令邪魔？

A 他們錯了，他們絕對可以命令魔鬼。人們可以祈求天主，就像〈天主經〉（主禱文）的禱文那樣，也可以命令惡魔離開，特別是為了自己和家人。任何人都可以這麼說：「因耶穌基督之名，撒旦，離開罷！」

Q 你建議哪些人做釋放祈禱呢？

A 我建議，任何受到魔鬼困擾的人都可以做。神父、修女和神恩復興運動的團體可以為有需要的人做釋放祈禱，他們可以很有效地驅逐邪魔。釋放祈禱與驅魔的目的一樣，效果也一樣，唯一的差別是，任何人，我再強調一次，特別是神父和修女，都可以念釋放禱文。

我非常信賴平信徒和祈禱團體。這些人奉基督之名命令惡者離開附魔者的身體；他們呼求聖人的幫助、聖母的代禱，並且手持十字架，誦念命令惡者的祈禱文。他們只須避免使用「我驅逐你」這句話。他們應該反覆地說：「因耶穌基督之名，逃離罷！不潔之神，我命令你退出去！」我知道有許多個案，是由非驅魔師的神父或平信徒釋放成功的，因為有些驅魔師錯誤地不相信魔鬼的存在，也不信任天主。

Q 釋放祈禱需要主教的授權嗎？

A 不，不需要，因為這是由耶穌直接授權的私人祈禱。

Q 可以在任何地方、任何時間做釋放祈禱嗎？我這麼問，是因為常常有人無法找到一個地方來做這祈禱。

A 如果在堂區找不到地方，可以去劇院、電影院，甚至餐廳的包廂。我曾在餐廳裡講道和舉行會議，只要有一個大房間就可以。釋放祈禱也可以這樣做。

Q 你常說（也曾寫過）釋放祈禱甚至可以比驅魔還有效。錫耶納的聖加大利納（St. Catherine of Siena）不是神父也不是驅魔師，卻釋放了那些驅魔師無法釋放的人。祈禱的效果取決於什麼？

A 效果取決於信德，對耶穌和福音的信賴。

Q 有些人抱怨自己被魔鬼詛咒，無法擺脫詛咒對他們生活造成的影響。那麼，是否有一些詛咒不會在附魔者身上具體呈現？

A 詛咒總是會變成魔鬼的侵擾，然而，即使只有魔鬼侵擾，就是受到邪魔影響，也需要驅魔。《天主教教理》說得很清楚：即使沒有附魔，也可以施行驅魔。

Q 但是，有些驅魔師如果覺得那些人沒有附魔，就什麼都不做。

A 這是不對的。如果有魔鬼侵擾，也就是說有邪魔的影響，《天主教教理》說就應該進行驅魔。

Q 魔鬼會在夢中顯現嗎？

A 很少見，但是也有可能發生。我們可以從牠對這個人所造成的恐懼來判斷。如果在夢中呼求耶穌或聖母的名字，牠就會離開。

Q 人死了，詛咒是否就結束了？

A 有的時候會，有的時候不會；但不會的時候居多。我有一個案例，有位母親詛咒她的兒子，但後來懊悔了。她請求兒子原諒她。她請求天主的寬恕，並跪求天主解除這個詛咒，但都沒有任何效果。最後，是藉由驅魔才解除了這個詛咒。

詛咒的力量非常大。有許多人到處詛咒這個人、詛咒那個人，尤其可怕的是詛咒同胞、親屬以及家人。但是請不要忘記，祝福也同樣極為有力。我們需要祝福所有被詛咒的人，尤其是母親和她們的孩子。

Q 「我後悔我所做的惡事，我希望補救。」對於說這些話的人，我們可以給予什麼建議？這個人必須做什麼？

A 做補贖。

Q 一個被詛咒的人，除了遵循完善的聖事生活，並接受驅魔或釋放祈禱外，還可以做什麼？

A 真心寬恕做這惡行的人，是基本的要求。如果沒有真心寬恕，即使做了驅魔，天主也不會釋放。有時，我發現為某個人驅魔沒有任何效果，我就會問這個人：「你寬恕了做這惡行的人嗎？」他答說：「沒有。」那麼，驅魔就只能到此為止了。

我們至少要努力地試著去寬恕對我們做了惡事的人。寬恕也因聖神的作工而實現——也就是因著天主的愛，只有祂能醫治人心。因此，我們應當呼求聖神。

Q 有些神父說，他們不能誦念教宗良十三世（Leo XIII）的驅魔禱文，因為現行的《驅邪禮典》（*Ritual for exorcists*）沒有收錄這篇禱文。良十三世的驅魔禱文只出現在舊版的拉丁文驅邪禮典中，並未被列入新的禮典，也沒有

翻譯成本地語言。這樣說對嗎？

A 良十三世的驅魔禱文並未被翻譯，並且只出現在舊版的驅邪禮典中。不過，人們仍然可以念這篇禱文。

Q 天主教神恩復興運動的創始人之一，蘇南樞機（Cardinal Suenens）在他的《復興與黑暗的力量》（*Renewal and the Powers of Darkness*）一書中呼籲重新評估「釋放祈禱」，他希望這個祈禱能為平時的牧靈工作帶來新的活力。他認為這將有助於支持神恩的醫治，尤其是內在的治癒。你同意這個看法嗎？

A 根據我的經驗，這是非常重要的根基。從另一方面來說，耶穌首先治癒的是靈魂，然後才是身體。

Q 你認為，神恩復興運動團體的治療療法有用嗎？

A 有用。

Q 你經常談到將自己奉獻給聖母瑪利亞的重要性。你在日常祈禱中會重申自己的奉獻嗎？

A 是的，我每天都會這樣做。但不是必須每天做。重要的是將自己的生活和所做的事置於聖母披風的保護下，將自己託付給她，信賴上主派遣給我們的。她曾說過：「願照你的話成就於我罷！」

Q 有些神父說，對一般人而言（即使這人沒有附魔），與一個受到魔鬼侵擾的人一起誦念玫瑰經，也是不利的。你怎麼看這個問題？

A 他們可以和這些人一起誦念玫瑰經，就像我做的一樣。事實上，他們應該這樣做。這樣做對所有人都有好處。隨時都應該念玫瑰經，絕對沒有什麼不建議念玫瑰經的時候。

Q 我們常在大眾傳媒、廣播節目，尤其是電視節目上看到你。你是唯一一位

如此頻繁公開露面的驅魔師。你曾因為身為公眾人物但總是直言不諱而受到批評嗎？

Ⓐ我經常上電視，無論在哪裡有人邀請我，只要我還可以騰出時間，就會盡量配合。我總是告訴質疑我做事方式的人，我希望把耶穌帶到每個地方，甚至帶到地獄的門口。唯有這樣，我們才能建立天主的國，毫不畏懼地將祂帶到每個地方。

第 4 章

驚心動魄的首次驅魔經驗

❖

by Marcello Stanzione

肯迪度神父與畢奧神父

阿摩特神父早年曾與苦難會的肯迪度．阿曼蒂尼神父合作，在聖梯小堂（Scala Sancta）工作長達六年，並在肯迪度神父去世後接替了他的職位。他先是肯迪度神父的得力助手，後來成為他的接班人。這位弟子如此回憶他的恩師：

肯迪度．阿曼蒂尼神父是苦難會會士，是一位真正歸向天主的人。聖畢奧神父曾以這句話來形容他：「肯迪度神父是一位真正合天主心意的司鐸。」後來這句話也刻在他的墓碑上。

有時，聖畢奧神父會給肯迪度神父一些建議，阿摩特神父這樣說道：

有一次，肯迪度神父正在為一位年輕人驅魔時，他對我說：「你看，阿摩特神父，我正在像古希臘的摔跤比賽那樣驅魔，我不知道誰會被制服。有時，有些人真的很暴力，如果一位驅魔神父事前不知道怎樣保護自己，例如找助手幫忙，他可能會陷入困境。」

他繼續說道：「以這個案件來說，有次到了某個階段，這個年輕人倒下了，我也倒在他旁邊。旁人若是看到這一幕，會無法分辨誰是驅魔者、誰是被驅魔的人。畢奧神父給我寫了一封短信說：『親愛的神父，你不用浪費時間和精力在那位年輕人身上了。無論你做什麼都無濟於事！』我問他為什麼，他說這個年輕人是一個不知羞恥的花花公子，他沒有想要克服自己的惡習，而當一個人習慣性地生活在罪惡中時，驅魔是起不了任何作用的。」

對於自己首次驅魔的經歷，阿摩特神父感到印象深刻。他在多次的訪談中都提及這次經歷，在他寫的《最後的驅魔師：我與撒旦的戰鬥》（*The Last Exorcist: My Battle against Satan*）一書中，他深刻地描述了這次以及其他許多重要驅魔事件發生的情形。他在一九九七年第一次單獨進行驅魔，過程非常特別，因為他一開始就與撒旦正面交鋒。

在擔任肯迪度神父的助手多年後，他第一次單獨為一名單純的農民驅魔。這名男子年輕而瘦弱，由一名神父和一位翻譯員陪同來看他。起初，阿摩特神父不懂為什麼需要翻譯的人，神父解釋說，當這人被附魔時，這位來自義大利鄉下、從未學過外語的農民會開始說流利的英語，所以需要翻譯員在場，才能知道他在說些什麼。

開始驅魔時，這位年輕農民完全沉默，既不說話也沒有任何手勢，似乎沒有什麼事會影響到他，甚至當阿摩特神父呼求上主的幫助時，他也無動於衷。但在呼求之後，驅魔神父特別請求耶穌的幫助，此時，這位年輕人瞪著他，並開始用英語咆哮。他的詛咒和威脅全都是針對驅魔師，接著，他開始朝神父吐口水，並準備以行動攻擊他。

唯有當阿摩特神父念到「我命令你」（*Praecipio tibi*）這段禱文時，這魔鬼才似乎稍微克制自己一點。但隨後，魔鬼又開始尖叫嘶吼，並衝向前來，盯著他，從年輕人的嘴裡流出唾液。

此時，驅魔師繼續進行釋放儀式，質問並命令魔鬼說出牠自己的名字，以及牠是誰*。因為這是阿摩特神父第一次獨力驅魔，他沒有預料到會得到如此可怕的回答：「我是路濟弗爾（路西弗，也翻作路西法）。」阿摩特神父震驚地發現，這時候站在他面前的正是路濟弗爾本尊，但在那緊要關頭，他當然不能放棄或結束驅魔禮，所以他就更加努力。他下定決心，只要他還有一絲力氣，他就要繼續進行下去。

因此，當他繼續釋放祈禱時，魔鬼又開始尖叫，使得這位附魔者轉過頭來，弓起背，翻著白眼；附魔人就保持著這個樣子，持續了一刻鐘。誰能想像得到阿摩特神父在那一刻的感受呢？周遭的環境也發生了變化。突然間，房間變得極其寒冷，窗戶和牆壁上結出晶瑩的冰。這位驅魔師不肯放棄，並命令路濟弗爾離開這名農民。

似乎是作為魔鬼的回應，這位年輕人的肌肉緊繃，身體變得僵直，之後還開始漂浮起來。他就這樣離地三呎，懸浮了好幾分鐘。這時，驅魔神父繼續進行釋放祈禱。過了一陣子之後，附魔者忽然摔落在椅子上。在牠消失之前，路濟弗爾明確宣告牠將在某個日期和時間離開這名農民。

阿摩特神父繼續每週為這名年輕人驅魔，直到那個關鍵的日子。他刻意等到一星期後，再為年輕人安排驅魔時間。年輕人來到時，看起來非常安寧，在驅魔時，對釋放祈禱也沒有任何反抗，事實上，他安靜地跟著祈禱。

阿摩特神父請他詳述路濟弗爾是怎樣離開他的。他回答說，在魔鬼說要離開那個時間，牠開始前所未有地嚎叫。嚎哮結束後，他感到煥然一新，輕鬆無比。

＊「無論你是誰！不潔的神，以及所有與你一同附身於這位天主僕人的惡靈：我以我們的主耶穌基督，降生、受難與死亡、復活與升天的奧蹟；以聖神的降臨；以及吾主在末日審判的來臨，命令你：以一些記號告訴我，你的名字、你詛咒的日子與時刻。你要在一切事上服從我，雖然我是一個不堪當的天主僕人。」（摘自《羅馬驅邪禮典》〈命令邪靈〉）。

天使與魔鬼之間的戰鬥

我們也必須從好天使（相對於叛逆的天使）的背景下來理解驅魔，阿摩特神父曾在《信心週刊》的專欄中寫過一篇關於好天使的文章：

那些選擇忠於自己天性以及被創造目的（亦即永遠讚美天主）的天使，做了一件非常簡單的事：他們保持順服。他們接受對創造萬物的天主的服從，從正義的視角做出了選擇，而不是從魔鬼的視角認為順從的行為是一種侮辱。

相對於魔鬼，選擇忠於天主的天使，正是忠於他們的天性和目的。這是對真理的忠誠行為，而這真理是天主創造他們的原因——那就是去愛天主。這種態度並不會使他們蒙羞，因為這並不意味著他們有所不足，反而是映射出一種圓滿。天使們繼續忠於他們的天性，從而將他們直接帶到造物主面前——造物主已將祂認為對生靈最好的法則銘刻在他們的生命內。

因此，我們在〈默示錄〉12章7節及其後章節所讀到的，就是實際發生的情況。忠於天主的天使與背叛天主的天使之間爆發了一場巨大的戰爭，換句話說，就是（好）天使與魔鬼之間的戰鬥。在這些經文中，《聖經》告訴我們總領天使彌額爾（米迦勒）率領天使們與那條龍（魔鬼）帶領的叛逆天使戰鬥，最後叛逆的天使被擊潰。結果——容我引用聖經的話——「在天上遂再也沒有牠們的地方了」。

這裡發生的一些事情《聖經》沒有明說，但我沒有理由懷疑，是魔鬼創造了地獄——也就是說，牠們把自己置於一個與天主對立的情況，一種狀態。牠們這樣做，傷害了牠們自己。他們所處的這種新狀況，《聖經》稱之為「地獄」，意味著魔鬼永遠被排除在天堂之外——也就是說，無法見到天主，無法享受天主為他們創造的幸福和永遠快樂的目標。

因此，魔鬼已經被永罰了。為他們而言，已經沒有任何被救贖的可能了。為什麼？因為他們的智慧遠超過我們，而由於他們是純精神體，他們的選擇是決定性的，因為這是在「全知」的情況下做出的抉擇，所以無法挽回——魔鬼也並不想挽回這樣的選擇。

那些選擇天主的天使，也同樣不會改變他們的抉擇，但與魔鬼正好相反的是，天使們在永恆中與主共享福樂。對那些已經被接納進入天國的聖人們而言，也是如此。對我們來說也是一樣，我們在這世上，也會蒙召走向成聖的目標——甚至，如有必要，即使身在煉獄中也是如此。

魔鬼如何進入靈魂

記者馬爾科．托薩蒂問阿摩特神父，魔鬼通常以哪些方法進入人的靈魂。阿摩特神父回答道：「魔鬼進入靈魂的方式有四種，其中一種與聖人有關，另外兩種極為罕見。當魔鬼想要誘惑一個看似聖潔的人時，牠會試圖讓這人放棄他神聖的道路。這種情況非常少。

「還有另一種也極為罕見的情況，是將一個人引入一個錯綜複雜、極端重大、幾乎沒有逆轉可能的罪惡事件中。依我看，撒旦對依斯加略的猶達斯（加略人猶大）使用的就是這種手段……最常見的情況（我估計大約百分之九十是這樣）是受到惡魔的詛咒。這種情況是由求助於撒旦的人或以撒旦般的惡毒行為行事的人所觸發，讓當事人遭受邪魔的侵擾。

「其餘的百分之十至十五的情況（我沒有確切的數字）涉及那些參與過邪教儀式，例如招魂術或撒旦教派，或者曾與巫師和相命師接觸的人。這些撒旦主義的形式在當今社會中廣泛存在，而我認為，在現今，這些是由擁有大量粉絲的明星和名人，例如瑪麗蓮・曼森和其他撒旦搖滾音樂團體所推廣的。我並不反對搖滾樂，這是一種非常正派的音樂，但我反對撒旦式的搖滾音樂。」*

---

*馬爾科・托薩蒂：《關於魔鬼的調查》（*Inquiry on the Devil*），第31頁。

在今天，哲學家和神學家的認知傾向於撒旦和地獄都不存在*，而在教會內，也有許多人對撒旦的真實性存疑。教會必須採取的一件首要行動，就是認知到這些現象的存在。阿摩特神父在一次訪談中表示支持這一論點：

每個人都在談論撒旦，唯獨教會不談。★

撒旦的最大成功，就是讓人類相信牠不存在，而牠已經相當成功了。即使在教會內，我們有一些神職人員和主教，已經不再相信魔鬼、驅魔、魔鬼的異常作為，甚至不再相信耶穌賦予的驅魔權柄。近三個世紀以來，相對於東方教會和基督新教的各教派，羅馬教會幾乎完全放棄了驅魔事工。由於教會不再從事這項事工，也不再研究驅魔，大多數神職人員也從未見過驅邪禮典，因此他們不再相信這些。有些國家，例如德國、奧地利、瑞士、西班牙和葡萄牙，完全不從事驅魔事工。這是一個可怕的空白。✩

關於神父應該如何穿著，阿摩特神父也表達了他的看法。在為一本書宣傳的專訪中，記者安吉拉・穆索勒西詢問阿摩特神父，他對教會服飾有何看法。

記者問道：「無論是在私人的或是公開的場合，你總是穿著神父的服裝。除了遵守教會法的規定外，還有其他原因讓你總是穿著神父服裝嗎？」

阿摩特神父回答道：「我同意馬里奧神父的說法：確實，會衣不會讓一個人成為修士，但會衣確實會讓你知道誰是修士。我還可以補充一點，它會促使你的行為舉止符合會衣。因此，我總是喜歡穿著我的神父服裝，這明確地界定了我的身分，讓我立刻被人認出是一名神父。」

記者又問：「是否有神父本來不穿戴任何會顯示神職身分的標誌，但受到你

---

* M. Moronta Rodriguez，〈關於撒旦主義現象的牧靈意見〉（Pastoral Attitudes regarding the Phenomena of Satanism），《世界的宗教與教派》（*Religions and Sects in the World*）（一九九二年五月）：第116頁。

★ 馬爾科・托薩蒂：《關於魔鬼的調查》，第181頁。

☆ Stefano Maria Paci，《……並救我們免於兇惡》（"…E liberaci dal maligno"），阿摩特神父訪談錄，Inter Multiplices Una Vox，見網址：http://www.unavox.it/ArtDiversi/div014

穿神父服裝的習慣所影響，而選擇穿著神父服裝呢？」

「喔，是的。」阿摩特神父說：「這樣的情況很多，因為現在大多數神父都不穿戴任何能表明神職身分的服裝。」

阿摩特神父的早年生活

在接受梵蒂岡記者馬爾科．托薩蒂的專訪時，阿摩特神父做了一段自傳性的描述：

我出生在一個信仰虔誠的家庭。我的父母和四個兄弟都比我虔誠許多。我們的信仰陶成得益於家裡，以及堂區的公教進行會（Catholic Action）。我們在摩德納的聖伯多祿教堂接受信仰陶成，那裡現在有一位本篤會修士，他是我的朋友，也是摩德納的兩位驅魔神父之一。

我的整個童年都是在濃厚的信仰氛圍中度過的。我小時候一直在公教進行會中擔任傳道員，還有其他活動。大約十四歲時，我開始思考我的聖召，我那時最要好的朋友後來成了神父。我們是同班同學，畢業於同一所中學，大家都知道他將會成為神父。我認為他在這件事上也影響了我。好吧，當一個神父，但我去那裡呢？這是個問題。

在一個偶然的機會，我認識了雅各伯．雅培理神父，在他身上，我看到了一位真正屬於天主的人。我問他，我要怎樣成為神父，應該進哪個修會，或加入哪個機構。他對我說：「明天早上我會為你做一台彌撒。」於是我隔天很早就起來，因為他在早上四點就做彌撒。他看到我就說：「喔，你來了，」彌撒後，他告訴我，我應該進入聖保祿會。我那時還在讀高中二年級。我說：「好吧，等我先讀完高中，然後我再入會。」高中畢業後，戰爭爆發，但我們一直保持聯繫。

在戰爭期間，我家五個兄弟都被徵召入伍。我們各自有不同的經歷。我加入一個派系的軍隊，參與了內戰，經歷了一些令人驚心動魄的冒險，也獲得了軍事英勇勳章。我曾經想過，也與雅培理神父分享過，在戰爭期間我不應該離開家。我也問他，我在大學應該主修什麼科系。他說：「不管哪一個科系都好，只要是你喜歡的。」

我有兩個哥哥擁有法學學位，所以我跟隨了他們的腳步。我做對了，因為他們送了我一個學位。我沒有認真讀書，也從不去上課，只是因為他們敬重我的兩個哥哥，就讓我過關了。我按時畢業。

一九四七年，我二十二歲，加入了天主教民主黨（Christian Democrat Party）。其實我不想加入，但被我們的領導人朱塞佩・多塞蒂（Giuseppe Dossetti）逼著加入。他是我的法典和教會法的教授，也是我家極為親近的朋友。他常來我們家吃飯和過夜。他敦促我們每一個人都投身於政治。

我們在摩德納的領導人是艾曼諾・戈里耶里（Ermanno Gorrieri），一位我在學校時代就認識的好朋友。他善良、謙遜，但充滿企業家精神；在內戰時，他是我們的領導人，也是我們創建的基督教民主黨分部的領袖。我在下摩德納

（Lower Modena）的許多地區籌組了基督教民主黨的分部，這是當時沒有人聽過的事。這讓我有點像我的父親，他是斯圖爾佐*的朋友，也是摩德納義大利人民黨（Partito Popolare Italiano）的創黨成員。

在第一次省議會選舉中，我立刻當選。在天主教民主黨創黨五十週年慶時，秘書長西里亞科·德米塔（Ciriaco De Mita）頒獎給我們，感謝我們五十年前創黨及我們的服務，特別是德米塔，他曾任義大利總理。

之後，在多塞蒂的敦促下，我被派去擔任「天主教民主青年會」（Christian Democratic Youth）的國家副代表，當時這是非常有影響力的位置。我去了羅馬幾個月。朱利奧·安德烈奧蒂（Giulio Andreotti）是首席代表，再下來就是我。

所有事我都得親力親為，因為安德烈奧蒂將所有時間都放在加斯貝利（De Gasperi）身上，他把所有青年會的事務都交給我。當他第一次被任命為總理辦

*路易吉·斯圖爾佐神父（Luigi Sturzo, 1891-1959），生於西西里島的卡爾塔基隆（Caltagirone），是一位政治領袖，於一九一九年創立義大利人民黨（Italian People's Party，簡稱 PPI）。

公室的副秘書長時，他辭去了天主教民主青年會國家代表的職位。我知道他們會提名我為國家代表，我也知道，如果我再繼續參與政治，我將永遠無法脫身。所以，我也趁這個機會讓自己解脫。

我與雅培理神父保持著聯繫。我知道他曾對聖母發過誓願：如果聖保祿會大家庭的所有成員在戰爭中都能倖免於難，他將建一座聖殿獻給聖母，諸宗徒之后。後來他真的建立了，這裡有三個垂直的聖殿，一座在一座之上——不是三座教堂，而是三座聖殿。那時我得知這個計劃，遂請求他：「當你祈求聖母在戰時保護你的孩子們時，請把我和我的哥哥，我們五兄弟，也包括進去。」我們五個人歷經了多少風險！我的一個現在還健在的哥哥，那時從南斯拉夫的卡爾洛瓦茨（Karlovac）徒步回來。我們每個人都經歷了各自的冒險和不幸，但最終都得以倖免。

我會永遠記得我成為神父的那一天：我是在一九五四年一月二十四日晉鐸。由於雅培理神父希望我們在聖母無染原罪教義一百週年時晉鐸，因此聖秩的日期延後了。在彌撒和合影之後，新神父們帶著家人去雅培理神父的辦公室向他致候。我和我的四個兄弟以及我們母親也一起去了。

他見到我們，立刻問我：「你們在戰爭期間都好嗎？」他非常清楚地記得，他曾許諾當他向宗徒之后祈求保護時，會包括我和我的兄弟們。那時，我才意識到是耶穌告訴雅培理神父，我必須加入聖保祿會，而我從未後悔做了這個決定。

專訪阿摩特

驅魔實務：聖物、釋放祈禱、可能遭受的危險

作為一位驅魔師，阿摩特神父總是被人認為是個愛嘮叨的人，因為他說話時總是率直並且坦白。我在這裡分享一篇幾年前阿摩特神父在羅馬宗座大學為驅魔師開設的一門課程中所做的訪談。

Q 驅魔師在他的判斷或事工中是不會出錯的嗎？

A 我有一些案例，他們在向我求助之前，曾去見過許多驅魔師，但沒有得到任何改善。來找我幫他們驅魔之後，他們說有一些進步。同樣地，也有一些人來過我這裡許多次，但沒有任何幫助，反而在其他驅魔師那裡得到了成功。是聖神的德能！不是栽種和澆灌的人，而是上主使之生長。所以，呼求聖神是永遠不可或缺的祈禱。其他的事情毫無用處。

Q 是否可以強迫一個人接受驅魔？

A 如果一個人一開始就不願意接受驅魔，是無法強迫他接受的。有些人來找我時會說：「看，神父，我來這裡完全是因為我的父母希望我來見你。但我不想讓你幫我驅魔。」如果他願意接受，我會給他祝福，但不能做什麼其他的事。

如果有個人要求為他驅魔，但在儀式一開始時，卻突然強烈抗拒，在這種情況下，可以「強制」進行。有些人是被別人強迫推進我的房間來見我。也有些人到了這裡，卻不願意下車，然後我就上車，在車內進行驅魔。這些人其實是願意接受驅魔的，但魔鬼阻止他們接近驅魔師。在這種情況下，可以強迫這個人接受驅魔，即使是用猛力。當然，必須得到帶這個人來驅魔的家人的同意。

我也有一些案例，當事人起初不願意接受驅魔，但事後卻感到滿意。但要知道，許多這樣的人需要驅魔多年才能達到釋放！聖雅風．利古力曾說：「我們未必總能釋放附魔的人，但我們總能給予他們一些安慰。」我曾對一些人進行驅魔長達十五到二十年，雖然他們有很大的進步，但仍未完全得到釋放。然而，他們的家庭往往受益良多。

我記得肯迪度神父曾為一位女性驅魔多年，後來由我繼續為她驅魔，至今她仍未完全自由。我曾經想過，這樣做是否徒勞無功，因為我總感覺自己停滯在同一個地方。但這位女士告訴我：「我們家是一個大家庭，有很多兄弟姊妹，但沒有一個人上教堂，也沒有人祈禱。自從我有了這個困擾之後，我所有的兄弟姊妹和他們的家人都開始祈禱並參加彌撒。」我們在世上追求的是即時的成果，而主則注視著永恆的生命。因此，這種困擾含有天主的旨意，因為這使她的全家人回到教會，重新開始活出信仰。

還有一些人奉獻自己的苦難。有時，他們甚至祈求上主不要釋放他們。我想到一位修女，她被魔鬼附身，從未被釋放。她為煉獄中的靈魂、罪人的皈依，以及她的靈性兒女，奉獻自己所受的巨大痛苦，這些都是耶穌在十字架上犧牲時的目標。所有這些奉獻給天主的痛苦，都具有極大的價值。

Q 當一位神父遇到團體中突然有人顯出某種超自然現象，甚至是附魔，這位神父可以施行驅魔嗎？我指的是一位沒有被任命為驅魔師的神父，而當時也無法立即聯繫到主教。

A 如果這位神父不是驅魔師——也就是說，他沒有這個職能，他的主教也沒有授權給他驅魔——他就不能進行驅魔禮，他只能誦念釋放禱文。但我要說，每個人都可以誦念釋放禱文，正如〈馬爾谷福音〉記載的：「信的人必有這些奇蹟隨著他們：因我的名驅逐魔鬼。」（16:17）因此，驅逐魔鬼的基本條件是信德，即使是小如嬰兒或孩子的信德。

有一個著名的驅魔師案例，發生在聖女「錫耶納的聖加大利納」的時代。當一位驅魔師無法釋放一個人時，他會將這個人送到聖女那裡，而聖女會釋放這個人。

沒有得到主教明確許可的神父，不能行驅魔禮，也就是說他不能誦念《驅邪禮典》中專為驅魔師保留的禱文，但是，他可以誦念釋放禱文。如果他以信德誦念，這些禱文是非常有效的。這讓我想到天主教神恩復興運動的團體，這些團體經常以釋放祈禱來幫助人們從魔鬼的控制中釋放出來。

有許多聖人為附魔的人驅逐魔鬼，但他們不是驅魔師，有時甚至不是神父。例如，聖本篤（St. Benedict）既不是神父，也不是驅魔師，他是一位修士，也是一位聖人。雖然他從未被正式奉為驅魔師的主保，但這已是普遍的公認，他的聖牌*被廣泛佩戴！他以祈禱釋放了許多被魔鬼附身的人。

Q 哪些釋放祈禱最有效？

A 我注意到，最有效的釋放祈禱，是那些讚美和感謝天主的祈禱。《驅邪禮典》也建議以讚美天主的聖詠（詩篇）祈禱。讚美天主的祈禱比宣告的語句（例如「奉耶穌之名，撒旦，離開！」）更有效，因為我們是在感謝與讚美那位釋放和治癒的主。所以我們應該加強讚美和光榮天主的祈禱，因為這些祈禱非常有效。

Q 在治癒彌撒中，如何進行釋放祈禱？

A 在舉行治癒彌撒之前，必須提醒信友，在彌撒時可能會有人大喊、大哭或倒地等情況。為了這個緣故，也為了尊重每位信友都有平靜參與彌撒而不被打擾的權利，通常會將這些祈禱安排在彌撒結束後進行，以免干擾到必要的默想與靜默時間。如果有人哭喊，我會請他們離開。但這並不意味著不會有人嘶吼或尖叫。

我在佛羅倫斯舉行治癒與釋放彌撒時，常會發生這類事件，而信友們都知道會有這種情況。在這些祈禱聚會中，我見過有些人來領聖體時，會撲倒在地，因此後來我決定不讓他們參加，因為在這類所謂的治癒彌撒中很難維持秩序。我說「所謂的」，是因為所有的彌撒都是治癒與釋放的。因為有耶穌臨在，所有彌撒都是治癒與釋放。但是，如果想要在彌撒念特定的治癒與釋放禱文，必須在事前先通知信友。

Q 驅魔師面臨的真正危險是什麼？

＊編注：本書的章名頁中的圖像，即是聖本篤的驅魔聖牌。

A 我認為，基本上，驅魔師沒有什麼危險，只要他過著祈禱的生活。驅魔師可能有變成吹牛大王的危險，因此，他必須一直記得自己只是天主的一個工具，因為是上主使驅魔能夠生效，而不是由於驅魔師的認真或努力。我知道一些驅魔師假裝自己有某些神恩，並編造一些故事。驅魔師必須在耶穌和聖母的保護下，保持祈禱和謙遜的生活。惟有這樣，驅魔師才能平安無事地完成教會託付給他的使命，既能造福信友，又不會對自己造成傷害。

Q 怎樣的人會受到惡魔的攻擊？惡魔能攻擊驅魔師嗎？

A 任何人都可能受到惡魔的攻擊，除了那些常常祈禱或生活在天主恩寵中的人。肯迪度神父曾對我說：「想想魔鬼詛咒怎樣不斷地打擊我們驅魔師！但它們對我們毫無作用，傷不到我們！我們是被天主和天使保護的。」

當波雷蒂樞機在寫我的驅魔師任命狀時，我向聖母祈求：「請用你的披風將我包裹起來。」許多次惡魔都說：「我們對你束手無策，因為你被保護得太好了。」

大致上，我們可以說任何人都可能成為魔鬼攻擊的目標，但那些過著祈禱生活、接近天主並生活在天主恩寵中的人則不同，他們受到保護。這會產生一種迴力效應。許多巫師害怕魔鬼詛咒，是因為他們擔心這些詛咒會回到他們自己身上。

Q 驅魔師可以修改《驅邪禮典》中的部分內容嗎？

A 驅魔師在主教的許可下，可以使用舊版或新版的《驅邪禮典》。另外還有一點，驅魔師在舉行儀式之前，也必須將接受驅魔者的情況納入整體的考量。因此我要說，沒有兩位驅魔師的做法是完全相同的。驅魔師會根據自己的經驗，採用一些他認為有效的做法，但並非所有驅魔師都會採用這些做法。

例如，呼求聖人的幫助。我想到資深的驅魔師奇普里亞諾（Cipriano）神父的例子。他擔任驅魔師五十年，也是他修會的瑪竇修士列品案的副申請人。

當奇普里亞諾神父呼求這位他深深敬愛的修士為他代禱時，被驅趕的惡魔變得異常憤怒！

驅魔師常會呼求某位聖人代禱，或使用某位聖人的聖髑。根據他自身的信德以及被驅魔者的信德，他可以知道呼求這些代禱的效果。因此，我們可以說驅魔師在進行驅魔時有某種程度的自由。他不必一字不改地嚴格遵循《驅邪禮典》的正式文本來達到釋放的效果。

Q 我們要怎樣做才能確保被附魔者真的被釋放？在釋放之後是否需要繼續做驅魔祈禱？

A 我總是擔心我看到的釋放只是假象或是暫時的，魔鬼只是假裝離開。因為有這種顧慮，我將感恩祈禱的時間推遲到至少在釋放一年之後。在這種情況下，必須建議被釋放者不要放棄他為達到釋放而做的一切：不要停止祈禱以及繼續常領受聖事，這樣才能保持他與天主的親近。

實際上，最大的危險是魔鬼假裝已經離開，引誘被釋放者逐漸減少他的祈禱、領受聖事等虔誠行為，從而再度墮入天主不願意看到的罪惡生活。在這種情況下，很可能會再度附魔，如同福音中提到的，邪魔由人身上出來以後，到處尋找一個安息之所，卻沒有尋著，於是牠說：「我要回到我出來的那間屋裡去。」牠就去另外帶了七個比牠更惡的魔鬼來，那人之後的處境就比以前的更壞了（瑪竇福音12:43-45）。

我也遇到過一些案例——極為罕見的情形，感謝主——某些人一旦得到釋放，就逐漸忽略了自己的祈禱生活，然後又墮入罪惡的生活。我們不要忘記，當惡魔進入一個人的身體後，牠不會放棄他，事實上，牠會盡一切可能地重新回來。

Q 我們可以隨身攜帶聖水，甚至聖體嗎？

A 神父可以隨身攜帶聖體和聖水，以便對房屋、個人，尤其是病患做釋放祈禱。沒有任何規定禁止神父隨身攜帶聖體。不瞞你說，我現在就帶著聖體。我總是帶著聖體，即使在驅魔時我也帶著。沒有規定說不能帶。

Q 可以請你談一下驅魔時用的聖物嗎？我指的是聖水、聖油和聖鹽。

A 有些聖儀和聖物，例如覆手禮、聖油和聖鹽，自古以來就被用於驅魔禮，但聖水不同，它是比較晚近才開始使用的。必須要強調的是，這三種聖物像所有聖物一樣，它的效力取決於信德的力量。聖事本身就具有效力，但聖物只有當你懷著信德用於信仰上的事物才有效力。因此，信友知道如何正確地使用聖物是非常重要的。若是沒有信德，徒有大量聖水、聖鹽或聖油，也毫無意義。

每樣用於驅魔的聖物，都有它的特性。拉丁文的禱文闡明了它們的意義。這三種聖物被用來幫助我們擺脫魔鬼的侵擾。例如，聖鹽可以特別保護一個地方。肯迪度神父建議，在可能受到魔鬼侵擾的房間裡，撒一點聖鹽。

聖油具有治病和驅逐邪魔的力量。我使用的第一版《驅邪禮典》，其中的內容就有提到，驅魔時可以在附魔者身上傳抹聖油。我會在附魔者的五官上傳油：額頭、眼睛、鼻孔、喉嚨、嘴巴和耳朵，同時在其身上畫十字聖號。

我再次重申，任何動作都必須懷著信德，才能產生效力。有兩位俄羅斯聖人——我不記得他們的名字——曾為附魔者傅抹聖油，而驅逐了魔鬼。他們不是驅魔師，也沒有使用《驅邪禮典》，但他們是聖人。他們祈禱，然後他們驅逐了魔鬼。

聖水用於祝福地方和個人。也可以喝聖水，但必須有信德，小口地啜飲。聖水的主要功效是脱離惡者的羅網並受到保護。對我們驅魔師而言，應當記住基督的宣告：「信的人：因我的名驅遂魔鬼。」所以，如果一位神父有驅魔的權柄，並以教會的名義行事，那是因為他有信德。當我在驅魔時，我總是呼求聖神的幫助。沒有祂，我將徒勞無功。

Q 我認識一位婦女，她的丈夫不相信她附魔。她的附魔似乎是由她丈夫的母親所引起。你怎樣應付丈夫的不信？

A 這種情況很常見：心懷嫉妒的母親（尤其是獨子的母親）將媳婦視為搶走她愛子的敵人。婆婆往往會撈過界，什麼事都要插手。最糟糕的情況下，甚至會請巫師對媳婦下毒咒。我曾為許多被婆婆詛咒的婦女驅魔，這是非常令人遺憾的事。

關於你提到的那個案例，為了讓附魔的妻子得到釋放，必須說服她的丈夫上教堂、祈禱等等。

Q 驅魔師如何選擇他的助手？

A 驅魔師在選擇助手時必須非常謹慎，他必須對這些人非常瞭解。有些神父問我，是否可以協助我驅魔，但是，如果我不認識他們，我會拒絕。我希望先瞭解他們是否有祈禱習慣、是否具有信德。

Q 您是否曾被魔鬼「戲弄」？

A 我記得一個小事故。有一次，我為一個人驅魔了很久之後，魔鬼開始嘲弄我，說牠將在十二月八日（聖母無染原罪瞻禮那天）離開附魔者。那一天，我是第一次、也是唯一的一次，在雅各伯神父的幫忙下，我持續驅魔了五個半小時。最後，附魔者似乎被釋放了！大家喜極而泣，擁抱在一起，歡欣至極。我記得我對修會的弟兄們說：「我們成功地從魔鬼手中釋放了一個人！」

然而，一週後，我們又回到了驅魔之前的原點。肯迪度神父說：「做長時間的驅魔是徒勞無功的。這樣做無法達成目的！」我問這個惡魔，為什麼那天牠沒有離開，牠答說：「難道你不知道我是個說謊者嗎？」不瞞你說，我當時真的覺得被那個惡魔耍了！

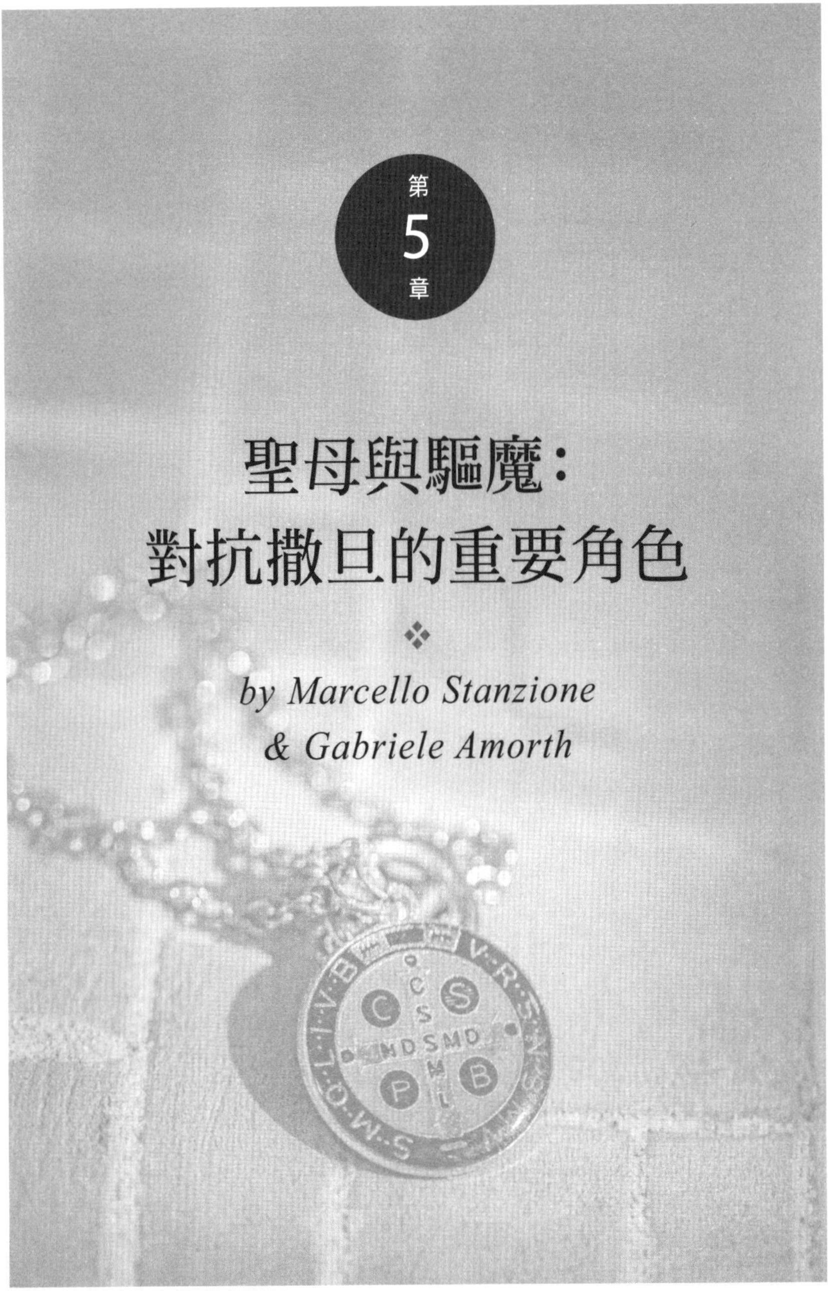

第 5 章

聖母與驅魔：對抗撒旦的重要角色

❖

by Marcello Stanzione
& Gabriele Amorth

對聖母的虔誠奉獻

阿摩特神父在一次訪談中表示：

> 通常我會祈求始胎無玷聖母，天主之母。我也對瓜達露佩聖母（Our Lady of Guadalupe）充滿虔敬，她是促成拉丁美洲進教的聖母，若非她，拉丁美洲不會皈依。在聖母顯現之前，傳教士們在那裡的工作毫無成果。她以阿茲堤克人的形象顯現，讓當地人感覺她是他們自己的一員，而不是從海外引進來的人物。經由聖母，天主來到了他們之中，他們也因此皈依。
>
> 我與瓜達露佩聖母有很深的連結，因為在古印地安語中，「瓜達露佩」的意思是「踩碎蛇頭者」。對我來說，這表示瓜達露佩聖母是所有從事我這項事工者的主保。

公元一九四二年，年輕的阿摩特為了追尋他的聖召，去拜訪了雅培理神父，並請求雅培理神父將他的家庭也包括在雅培理神父對聖母所許的誓願中。後來的真福雅培理神父在第二次世界大戰開始時，向聖母發下誓願：如果聖保祿會大家庭的所有成員在戰爭中都倖免於難，他將建造一座聖殿獻給聖母。

當時的聖保祿會包括神父及四個女修會，結果全體成員都平安無事。前面有說過，戰後，雅培理神父實現了誓願，興建了一座聖殿獻給聖母——諸宗徒之后。今天，這座聖殿成為聖保祿大家庭的全球聖母敬禮中心。二〇一六年九月十九日，星期一，阿摩特神父的殯葬彌撒也在此聖殿舉行。阿摩特神父與其母親約瑟芬（Josephine）始終相信，他們的家庭是因這項誓願而受到保護。

阿摩特神父非常敬愛瑪利亞，聖保祿會會士敬禮她為「諸宗徒之后」聖母。每天早晨，他會誦念玫瑰經的每一端奧蹟。特別有意義的是，在他晚年的諸多著作中，有一本《我的玫瑰經》（*Il Mio Rosario*）是專為探討玫瑰經的祈禱。在他的驅魔職事中，他總是向來求助的受苦人推薦這個他一生鍾愛的祈禱方式。

聖母在場的三次事件*

我曾在月刊《默主哥耶之聲》（*Eco of Medjugorje*）中，主筆《女人，撒旦的仇敵》專欄很長一段時間。我有這個靈感，是因為來自聖母的訊息中，不斷提及撒旦，例如：撒旦很強大，非常邪惡，牠總是潛伏著，伺機而動；當我們忽略祈禱時，牠讓我們不假思索地陷入牠的掌控；牠阻擋我們走向成聖的道路；牠想破壞天主的計劃，挫敗聖母的工作；牠想在我們的生命中占據首位，奪走我們的喜樂。

這些魔鬼的行動可以藉由祈禱、齋戒、警醒及誦念玫瑰經來克服。

聖母與那些否認魔鬼存在、淡化其行動的人正好相反，她不斷地警告我們提防魔鬼。我們很容易將默主哥耶的聖母訊息，與《聖經》或教會的訓導連結

---

* 以下內容是幾年前，阿摩特神父在「瑪利亞電台」的廣播節目中，講述他對聖母的虔敬。內文中的「我」是阿摩特神父本人。

起來。《聖經》告訴我們，瑪利亞是撒旦的仇敵，《聖經》也教導我們如何效法她，以完成天主對我們的計劃。根據驅魔者的經驗，我們可以證明：始胎無玷聖母在對抗撒旦的鬥爭中扮演著主要的角色。

今天在這裡，我要與大家一起反思聖母在場的三次事件，來顯示瑪利亞的臨在與參與是戰勝撒旦的關鍵。

瑪利亞第一次出現，是在人類歷史的開端。〈創世紀〉呈現了一場因背叛天主而遭到罪罰、但也帶來了希望的事件：瑪利亞和她的聖子將擊敗那誘惑亞當和厄娃犯罪的惡魔。這是救恩的第一次宣告，是記載在〈創世紀〉3章15節的「原始福音＊」。

在藝術表現上，通常是以瑪利亞踏碎蛇的頭顱的圖象來表達這一事件，但實際上，根據《聖經》記載，是「女人的後裔」——耶穌——將踏碎撒旦的頭顱。救世主揀選了瑪利亞，不但作為祂的母親，也作為祂救贖工作的合作者。因此，聖母踐踏蛇的頭顱的形象揭示了這項真理：瑪利亞參與了救贖的工作，並且是救贖的初果。

在人類歷史的終結，我們將會見到這同樣的場景。事實上，〈默示錄〉告訴我們：「那時，天上出現了一個大異兆：有一個女人，身披太陽，腳踏月亮，頭戴十二顆星的榮冠；她胎中懷了孕，在產痛和苦勞中，呼疼呻吟。隨著天上又出現了另一個異兆：有一條火紅的大龍，有七個頭，十隻角，頭上戴著七個王冠。」（12:1-3）這個女人就是瑪利亞，她正在分娩她的兒子耶穌，而祂也象徵信友的團體——教會。同一形象具有多重意義，在聖經中這是很少見的。

那條火紅的龍就是古蛇，也就是魔鬼——撒旦。在這兩者之間再次發生了爭鬥，結果那龍被打敗，摔落到地上。對於我們這些與魔鬼戰鬥的人而言，這種敵對、爭鬥和最終的勝利具有極其重大的意義。

歷史中瑪利亞的第二次出現，是她在世時的角色。這裡我只提及她兩個被普

＊原始福音（Protevangelium）：意思是最早宣報的福音。

遍接受的角色：作為天主之母的瑪利亞，以及作為我們母親的瑪利亞。在天使報喜時，瑪利亞展現了完全的順服。天使的來報，對她生活的顛覆，是超乎任何人想像的，但她以真正的信德做出了回應，僅因她相信天主的話，在天主前沒有不能的事，即使是童貞生子。

在另一方面，這種信德也彰顯了天主的行動方式，正如《教會教義憲章》中所言：瑪利亞「並不僅是天主手中一個消極被動的工具，而是通過她自由的信德和服從，成為天主救人的事業的合作者」（第56節）。她以完全的信德與自由，成就了天主最偉大的計劃——道成肉身（降生成人）。「仁慈的天父願意在聖子成人以前，先取得那已經被預定為母親者的同意，這恰如在過去是一個女人促成了死亡，同樣也讓一個女人帶來生命」（第56節）。

早期教父們非常重視厄娃與瑪利亞的對比。瑪利亞的服從幫助完成了世界的救贖，這也預示了基督的服從，祂將補贖亞當的悖逆。在這裡，雖然沒有直接提及撒旦，但牠的破壞所造成的後果，正在被修補。

聖母第二次「領報」發生在十字架下，耶穌對瑪利亞說：「女人，看，你的兒子！」（若望福音19:26）在那時，瑪利亞的承擔以及她的信德與服從，比起天使報喜時更加堅強和壯烈。要理解這一點，必須體會聖母當時的感受：目睹耶穌被釘在十字架上，我們可以很快意識到，當下在聖母的心中，無比的愛與撕心裂肺的痛交織在一起。

所有希望的根源

除了這些高潮迭起的事件外，關於瑪利亞和我們，另外還有三點反省，是我接下來想要深入探討的。

第一點是堅守天父的旨意。梵蒂岡第二次大公會議用了一個全新的表述告訴我們，瑪利亞在十字架下「熱情地同意將親生的兒子奉獻為犧牲品」（教會憲章，第58節），這意味著什麼呢？如果天父的旨意是如此，而耶穌也如此接受，所以瑪利亞也出於對天父的服從，選擇遵從這樣的旨意，無論這會讓她多麼痛苦。

第二點是，讓她能夠承受這些以及一切痛苦的力量，是在於她體認到，要經由這些痛苦，耶穌才能成功、為王、並贏得勝利。我們很少去反省這點，因為從人的理智來看，這似乎是荒謬的。總領天使加俾額爾（加百列）已先向瑪利亞預報：「他將是偉大的……上主天主要把他祖先達味的御座賜給他。」（路加福音1:32-33）因此，瑪利亞明白，這些偉大的預言將藉由基督在十字架上的死亡而實現。天主的行徑不是我們的行徑（參見依撒意亞／以賽亞書55:8），撒旦的行徑更不是我們的行徑。

第三點是最重要的，就是感恩。瑪利亞在這痛苦中看到全人類的救贖正在實現，她知道她已先被救贖；正是透過這殘酷的死亡，此後萬世萬代都要稱她為有福。由於這個原因，我們每一個人都能懷著確信仰望天鄉：因著耶穌的死亡與復活，魔鬼已被徹底擊敗，天堂的門已完全敞開。每當我們凝視十字架，讓我們說聲感謝祢。藉著這些反省——堅守天父的旨意、瞭解痛苦的價值，以及信賴基督以十字架所贏得的勝利——我們每個人都擁有戰勝撒旦的力量，即使我們落入撒旦的掌控，也能讓自己得到釋放。

我想要反思的第三個主題是：瑪利亞是撒旦的仇敵。讓我們從最初表達的方式來思考這一點，也讓我們彼此探問：為什麼瑪利亞對抗惡魔的力量如此強大？為什麼惡魔一看到瑪利亞就嚇得落荒而逃？

到目前為止，我們已探討了教義上的理由，但現在我們要談一些更直接、能夠反映驅魔經驗的內容。

當被天主逼迫時，魔鬼對聖母的描述勝過任何傳道者。公元一八二三年，在坎帕尼亞大區的阿里亞諾・伊爾皮諾市（Ariano Irpino），有兩位著名的道明會傳教士——卡西提（Cassiti）神父與皮尼亞塔羅（Pignataro）神父——正在為一名男孩進行驅魔。那時，神學家仍在討論有關聖母無染原罪的教義，三十一年後（一八五四年）才宣布了這條信理。這兩位神父要求魔鬼證明瑪利亞是始胎無染原罪，並命令牠以一首十四行詩來說明（我們不要忘了，那時附魔的是一位不識字的十二歲男孩）。令人驚訝的是，撒旦立即念出了這首詩：

我實是天主之母，祂是我聖子，
我雖為天主之母，我是祂女兒。
祂來自永恆，卻為我子，
我生於時間，卻為祂母。
祂是我的造物主，也是我聖子，
我是祂的受造物，也是祂母親。
我的聖子，神聖的奇蹟！
永生天主，擇我為其母。
母子幾近共存有，
母因子而存在，
子由母而降世。

子既因母而存在，
或則母使子受玷，
或則母始胎無玷。

教宗庇護九世（Pius IX）在宣布聖母無染原罪教義後，讀到這首十四行詩時深受感動，事實上，這首詩正是在那個場合呈獻給他的。

幾年前，我的一位好友，來自布雷西亞（Brescia）地區的福斯提諾・內格里尼神父在「海星聖母」小聖殿的附近驅魔時，問魔鬼：「為什麼你這麼害怕聖母瑪利亞？」他從附魔者那裡聽到這個回答：「因為她是所有人中最謙卑的，而我是最驕傲的；因為她是最順服的，而我是對天主最叛逆的；因為她是最純潔的，而我是最卑鄙的。」

一九九一年，我在為一位附魔者驅魔時，想到這件事，於是我照樣說了魔鬼對聖母瑪利亞的讚頌。然後，我命令魔鬼說：「無玷聖母的三項美德受到讚頌。現在你必須告訴我，讓你如此畏懼她的第四項美德是什麼。」魔鬼立即回答說：「她是唯一能從內心戰勝我的受造物，因為連一絲罪惡的影子都從未傷害到她。」

如果連魔鬼都如此讚美聖母瑪利亞，我們這些驅魔師該如何歌頌她呢？在我們的經驗中，她確實是所有恩典的中保，因為每一次驅魔，都是她幫助我們從魔鬼手中得到釋放。當我們開始驅魔時，惡魔會很傲慢、很挑釁地對我們說：「我在這好得很，我絕不會離開這裡，你們能奈我何？你們太沒用了，只是在浪費時間。」然而，漸漸地，當聖母介入時，情況就改變了。魔鬼開始說：「是她要我離開的，我無法抗拒她。叫她停止吧！不要讓她再為這個人代禱，她太愛這個人了。我不幹了！」

在驅魔的過程中，我常會突然碰到聖母的介入。甚至在我第一次驅魔時，魔鬼就對我說：「我在這裡過得好好的，但那個人想要我走。若不是因為她介入，我永遠不會遇到你。」

聖本篤著名的神學論文《引水道理論》（*Discourse of the Aqueduct*）以簡潔的一句話總結：「聖母瑪利亞是我所有希望的根源。」這句話是我年少時，在聖若望羅通多的五號房門外等候畢奧神父時，看到門上寫的。

當時，我希望能找到這句話的出處，因為乍看之下，這似乎只是一句簡單的禱詞。但後來，我能體會到其中的奧義、真理，以及教義與實務經驗之間的連結。每當我見到陷入沮喪或絕望的人——常常是那些被魔鬼詛咒的人——我喜歡對他們說：「聖母瑪利亞是我所有希望的根源。」

專訪阿摩特

驅魔師的培訓與見習

第四章有提到，幾年前，阿摩特神父曾在羅馬宗座大學接受採訪，因為那是為驅魔師開設的一門課程，訪談中除了談及許多與驅魔相關的議題外，也提到了驅魔師的養成。

Q 神學院的課程缺乏對驅魔師的培訓。那麼，驅魔師要如何養成？

A 非常重要的是，神學院必須恢復對修道和靈異神學的研究，這些學科著重於如何處理邪魔、附魔和驅魔相關的議題，讓新神父至少能在理論上對這些問題有基本的認識。我也建議，從實務的角度而言，神父在接受培育成為驅魔師時，除了要研讀教科書上相關主題的理論外，還需要觀摩及協助一位驅魔師。經由觀摩實際驅魔過程，他可以學習到如何進行以及必須採取的行動。這才是真正的實踐學校，有助於神父為此一職事做好準備。

Q 有沒有專門培訓神父成為驅魔師的學校？

A 驅魔學校就是實務經驗。以前曾經有很多驅魔師，驅魔師是眾多神父中的一類。當一位驅魔師無法再執行職務時，就會有另一位已經培訓好的驅魔師來接替。之後有很長一段時間，三個世紀之久，在羅馬教會內不再施行驅魔。在這個我稱之為「野蠻」的時期，教會不為人驅魔，反而指控他們犯了巫術，將他們燒死。

經過三個世紀的誇張行逕之後，接下來的三個世紀，人們對魔鬼存在的觀念逐漸減弱，甚至消失。驅魔不復存在。這是為何神學院不再教授相關內容。魔鬼不再被提及；天使與魔鬼之間的鬥爭不再被提及；附魔也不再被提及。其後果是，我們的神職人員不再相信任何這些事情。新的主教是從這些神父中挑選出來的，因此連主教們也不信。他們從未學習過，也從未見過驅魔。他們從未執行過這項事工。

Q 想要成為驅魔師的神父要去哪裡見習、接受培訓？

A 應該去找他的教區的驅魔師。如果這個教區沒有驅魔師，則應到其他教區求助。例如，聖若望羅通多附近的驅魔師負責人可以提供一些特定教區的驅魔師名字（至於其他教區，我不清楚）。西西里地區的瑪提歐．拉．格魯亞神父和本尼諾（Benigno）神父，他們曾代表西西里的主教團召集了西西里的驅魔師，為他們上課，因此他們知道各教區的驅魔師。擁有這些資訊的人可以找到各地區驅魔師的名字。在義大利，雖然驅魔師的工作非常繁忙，仍然可以找到他們幫忙。我自己在羅馬，檔期與行程排得非常滿。

Q 當你被任命為驅魔師時，那原本是短期的任命嗎？

A 那時候，一旦被任命為驅魔師，就被授權無限期地執行驅魔任務。驅魔師可以退休，但若他沒有退休，可以繼續從事驅魔。我已經從事驅魔二十三年（以採訪時間計算），從未有人撤銷我的權柄，因此我繼續我的職事。現在，驅魔師的授權通常為一年，期滿後再進行續約。

Q 如果主教要提名一位神父當驅魔師，被提名的神父是否必須先當一位資深驅魔師的助理？

A 毫無疑問，準備工作非常重要。我舉一個醫學的例子來說明。一位醫學生必須深入研習疝氣手術或闌尾手術，這些是基本的外科手術。但若只是研讀關於手術的教材，你會放心地讓這位醫學生為你「動刀」嗎？我想不會！在研究完理論之後，這位學生需要當其他外科醫生的助手，直到他有足夠的實務經驗，能獨力完成手術。

同樣地，驅魔師學校的訓練也包括當另一位驅魔師的助手。我曾經當肯迪度神父驅魔時的助手，之後，我與他一起施行驅魔，最後，我獨力驅魔。這就是成為驅魔師的方式：先與一位驅魔師專家一起工作，而不只是從書本中學習。

Q 在一些神恩復興運動的團體中，平信徒也會為人做覆手或按肩祈禱。這樣

的做法正確嗎？

A 我反對平信徒為人覆手，因為這是一個典型的神父姿態。除非在某些特別情況下，例如父母為孩子覆手祈禱，這是毫無問題的。但是，我不懂，為什麼現在流行在釋放祈禱時，為人覆手或按著肩膀？這是不對的！在為人做釋放祈禱時，不需要觸碰他！我反對這種做法。

Q 你可否告訴我們一些關於特殊神恩，尤其是說預言的神恩的事？

A 說預言的神恩其實是無法真正證明的，因為有些人確實擁有某些預卜的天賦，這些能力與天主或魔鬼的作用沒有特別的關係。我認為，我們並未深入探討那些擁有特殊神恩的問題，但我們如果要確認任何一種神恩，都必須要能讓人信服。

Q 關於神恩復興運動的成員，我們應該完全信任他們，還是應該謹慎對待？

A 保持警惕，防範假的神恩，是絕對必要的。有太多假神恩的人！有一位神恩復興運動團體的人，我自己完全信任他，因為我知道他的主教信任他，我也認識他很多年了。我也知道他並不是絕對無誤的，但我可以說，他常常能觸及真理。他是我唯一信任的神恩復興運動團體的人。

Q 有哪些徵兆可以幫助我們分辨，所謂「對靈異很敏感」的人是否真實？

A 對靈異很敏感的人如果常常祈禱並且真正地謙卑，他們會盡量保持低調，這些是正面的徵兆。但是如果一個人會誇耀「我是有神恩的人」，那麼他就沒有神恩。有神恩的人是謙虛的，會將天主賜予的神恩隱藏起來。若是信德更大，上主會賜予更多的神恩。我想到梵二文獻〈教會．教義憲章〉（Lumen Gentium）第十二條中說：「辨別奇恩的真確性及其合理的運用，是治理教會者的責任，他們應特別負責不使神恩熄滅，卻要考驗一切，擇善固執。」（參見得撒洛尼前書／帖撒羅尼迦前5:12、5:19-21）

Q 魔鬼可能誘惑教會高層的人嗎？

A 魔鬼會攻擊位居高層的人，所有領域的頂尖：政治、體育、媒體，以及社交生活的各個方面，但牠會以特別的方式攻擊教會的高階人物！不幸的是，眾所周知，在梵蒂岡有些人只關心自己的事業，他們只追求地上的事物，而非天上的事物。魔鬼正好利用這一點，誘惑那些尋求成功和權力的人。魔鬼襲擊教會高層的人，這是教會生命的中心。並不是說牠總會成功，但在有人際互動的地方，總是會有人的弱點。

Q 說到高層，關於米林戈蒙席*，你認為他是魔鬼的受害者嗎？

A 我認為米林戈蒙席受到了邪魔的影響，或是被某些怪異的力量所控制，但我不能確定。他第一次被開除教籍後，又回到了教會。他敬愛教宗若望保祿二世，而且因為若望保祿二世的要求，他重新與教會共融。但他繼續與統一教的教主文鮮明（Sun Myung Moon）及其追隨者保持聯繫。

作為一個忠誠的非洲人，米林戈蒙席非常關心非洲，並希望能夠幫助當地。文鮮明和其追隨者給米林戈很多錢，他將這些錢寄到非洲，用於建設醫院、學校等等。這就是為什麼他繼續與在扎加羅洛（Zagarolo，羅馬南方的一個小鎮）的文鮮明追隨者保持聯繫的原因。他從未完全與他們斷絕關係。我不想再說什麼了。

Q 你認為共濟會是撒旦的外圍團體嗎？

A 不幸的是，共濟會在當今時代散佈極廣。共濟會是撒旦教的主要支持者，盜竊聖體和聖體盒的事件常是由共濟會籌劃的，他們支付的報酬非常高。幾年前，有一位年輕女孩告訴我，她每次將彌撒中領的聖體偷出來帶給他

＊厄瑪奴耳．米林戈（Emmanuel Milingo）於一九六九年由教宗保祿六世任命為尚比亞的總主教。二〇〇一年，他接受了統一教（Unification Church）教主文鮮明的婚禮祝福。經過一些反覆過程後，二〇〇九年十二月十七日，他被降為平信徒，不再是神職人員。

們，就會得到高達五十美元的報酬。舉行撒旦彌撒，必須要褻瀆聖體。因此，我常說，共濟會以及所有參與撒旦彌撒或撒旦教的人，都相信耶穌在聖體中的真實臨在！否則，他們不會這樣大費周章地去盜竊聖體。

Q 你對順勢療法（Homeopathy）和靈氣療法（Reiki）有什麼看法？

A 順勢療法與靈氣療法不可混為一談。靈氣療法無疑是被譴責的。順勢療法如果正確地執行，可以作為正統醫藥之外的另一種醫療選擇，應當尊重這種療法的選擇及使用。我認識很多使用順勢療法而使病情得到改善的人。如果是由合格的醫生和專家執行，這種療法沒有危險性，因為它只是一種基於草藥（也就是天然物質）的療法。因此，順勢療法是應被尊重的。

Q 當詛咒在群體中（例如在家庭成員之間）造成撒旦似的困擾，你有什麼建議？

A 我建議多多祈禱來補贖！一個人一旦養成咒罵的惡習，就很難改掉這個習性。但也有成功的例子。聽到別人詛咒時，可以做一個祈禱，並做一些補贖的事。

Q 平信徒的祈禱有多大的重要性？

A 這要看個人的經驗。我想到西西里地區的首席驅魔師——瑪提歐·拉·格魯亞神父。他是神恩復興運動的要員，有說異語的神恩。我有時參加他的驅魔，他會先用舌音祈禱，然後使用《驅邪禮典》。他喜歡祈禱團體，但不會讓他們參加驅魔，而是讓他們在聖體前與他一起祈禱。他對這些人的要求非常嚴格。

有祈禱團體的幫助是非常有效的，無論是修會團體（男修會或女修會）還是平信徒團體。平信徒的祈禱，即使不在驅魔現場，也會有很大的幫助。我會請接受驅魔者的家人、朋友和陪伴他來的人，為我正在做的驅魔成功祈禱。這些祈禱是非常珍貴的。

Q 平信徒可以在念釋放祈禱時，問魔鬼的名字或其他問題嗎？

A 教廷教義部（Congregation for the Doctrine of the Faith，簡稱CDF）規定，不可向魔鬼詢問牠的名字。我相信這項禁令適用於所有人。任何人都不應該與魔鬼對話，即使牠試圖與正在念釋放禱文的平信徒展開對話。例如，〈宗徒大事錄〉記載，有幾個猶太驅魔者向惡魔說：「我因保祿所宣講的耶穌，命你們出去！」惡魔回答他們說：「耶穌我認識，保祿我也熟識；可是，你們是誰呀？」於是惡魔便撲到他們身上，打傷他們，並剝去他們的衣服（19:13-16）。

如果沒有驅魔師所擁有的保護——教會——就必須極為謹慎，不要與惡魔展開任何對話！雖然教義部的文件只明確禁止詢問魔鬼的名字，我認為任何形式的對話都應被禁止，因為平信徒沒有教會授予的驅魔師權柄，無法保證在這些情況下會獲得保護。

我們在〈馬爾谷福音〉中讀到：「信的人必有這些奇蹟隨著他們：因我的名

驅逐魔鬼，說新語言。」（16:17）不論是男、女、老、少、平信徒和神職人員，都可以念釋放禱文。這是耶穌授予的私人祈禱，主教也無權禁止。如果有主教企圖禁止，就如同曾經發生過的情況，我們必須說：「聽天主的命應勝過聽人的命。」（參見宗徒大事錄5:29）這樣的命令是無效的。驅魔禮本身比這樣的命令更具力量，因為這件聖儀是以教會之名進行的公開祈禱，具有教會的權柄。

然而，當有些外地或遠方的人向我求助，而他附近沒有由主教授權的驅魔師（例如在法國、德國、葡萄牙和拉丁美洲國家都曾發生過這種情形），我會先鼓勵他們找一位會念治癒與釋放祈禱的神父，這些禱文是所有神父可以依法誦念的。如果所有神父都念這些禱文，那是最好不過的事了，但常常事與願違，只因為許多神父不相信這些祈禱。

或者，我會建議這些人參加神恩復興運動的團體，這些團體會念治癒與釋放祈禱。雖然是私人祈禱，但只要懷著信德去做，都會非常有效。此外，神父的祝福也有極大的效果，只是許多神父不知道、也不相信這一點。

Q 如果在為一個人覆手做釋放祈禱時，他的反應顯示出附魔的跡象，但他尚未接受驅魔，神父應該做什麼？

A 如果這個人處於昏迷狀態，可以繼續為他做釋放祈禱。但結束後，神父應當建議這位當事人去找驅魔師，以便進一步檢查他的狀況。

在這方面需要注意的是，精神科醫生診斷的心理疾病症狀，與驅魔師認定的附魔跡象是不同的。精神科醫生的幫助是有用的，但前提是每個人都應只在自己的領域內判斷。精神科醫生不能說：「你有一種我無法診斷的疾病，我無法治療。」同樣地，驅魔師也不能說：「你是精神分裂症。」驅魔師可以說的是：「我在你身上找不到任何附魔的跡象。」每個人都不應該越界。

Q 精神科醫師可以扮演什麼角色？

A 當驅魔師不確定一個病人是附魔還是有精神疾病時，他需要精神科醫師的幫助。有時候，一個人可能附魔同時又有精神疾病，因此他需要精神科醫師，也需要驅魔師。某些案例的情況非常難以診斷，如果有精神科醫師在場，對驅魔師是很大的助益。但是驅魔師對精神科醫師也有幫助。我曾處理過多起由精神科醫師轉介給我的案例。我想到一位仍被附魔所苦的修女。一位天主教的精神科醫師瞭解自己需要一位驅魔師的幫助，因為他的醫學知識無法解釋這個問題。

Q **如果我是醫生，你建議我如何幫助這些人？**

A 祈禱對所有事情都有益。我曾讀過許多不同作者的論文，都是這麼建議的。我想到一位美國的心臟病專科醫師，他將他的病人分成兩部分：一部分病人接受他的治療，同時他也為他們祈禱；另一部分病人接受他的治療，但他不為他們祈禱。他注意到，為病人祈禱的效果遠超過僅是提供治療。我讀過許多這樣的例子。我認為祈禱、與天主的結合，極其重要。邀請你的病人多祈禱，使他們的治療有效。你的診斷準確很重要，以祈禱配合醫療干預也同樣重要。

第
6
章

第一手專訪：關於魔鬼騷擾、詛咒，以及驅魔禮

by Marcello Stanzione

瑪麗亞・麗達・維亞吉（Maria Rita Viaggi）是羅馬當地電視台的電視主播，同時也是神學和宗教史的專家。本章是她對阿摩特神父的專訪，內容涵蓋了讀者們最想知道的訊息，以下將分成幾個部分，逐一回答：能夠戰勝魔鬼的力量是什麼、魔鬼的存在與作為、被魔鬼騷擾的原因、什麼是魔鬼詛咒、如何避免或治療的方法，以及驅魔禮的細節與效力。

能夠戰勝魔鬼的力量

問：在你的第一本書《驅魔師：梵蒂岡首席驅魔師的真實自述》中，你強調每一個受造生靈的角色都是基於以基督為中心的認知。「以基督為中心的認知」是什麼意思呢？

答：容我引用〈若望福音〉的序言以及聖保祿宗徒在〈厄弗所書〉以及〈哥羅森書〉中的兩首基督頌歌：「天主所造的一切受造物，都是在基督內受造的，一切都是藉著祂所造，並且是為了祂而受造的。整個的圓滿居在祂內，並藉著祂使萬有都與自己重歸於好。」（哥羅森書1:15-20）

由此可知，耶穌基督是中心：祂是萬物的支點、關鍵和存在的理由。我希望以此為起點。我們必須從創造的中心、從創造的目標（也就是耶穌基督）開始，在基督的光照下，去理解所有受造物的角色，特別是有智慧的受造物，例如天使和人類；然後是星辰、動物界和植物界。萬物依循一個獨特的計劃而運行，其存在理由就在於耶穌基督。

首先，讓我們看一看基督對天使和惡魔的影響。

基督的影響是根本性的，但這一點很少被強調。我們所有的認知都是從這個觀念開始：天主創造的，樣樣美好，祂首先創造了天使，祂賜予這些精神體智慧和自由意志，然後祂考驗他們。有些天使反叛天主，成為惡魔；其他仍忠於天主的，就是我們所謂的天使。人們普遍相信，天主創造的人也同樣具有智慧及自由意志，但人有靈魂與肉體，而不是純粹的精神體。然後，天主也考驗了人，但亞當和厄娃（夏娃）犯了罪，人失敗了。於是，天主萌生了這樣的念頭：派遣耶穌基督來拯救人類，當人類的救主。

這種觀點忽略了我們之前提到的一點：基督本來就是宇宙的中心，萬物都是藉著祂而創造的，也因為祂而存在，因此，每一個受造生靈的角色都是以基督為中心。耶穌降生成人，來到世上作為救主和勝利者，祂將在末世再來，這是原罪造成的後果，但即使撇開原罪不論，萬物仍是藉著基督而創造的。因此，天使也是在基督內、藉著基督而受造的。基督賜予天使某種恩寵，一些早期教父如此表達：「若非基督為了救贖而死，天使便無法享受天主的榮福直觀*；正是藉由基督的救贖之工，在根本意義上來說，天使也經歷了天主所成就的救贖。」

*編註：狹義地說，榮福直觀（beatific vision）是指完全被淨化、但仍保有理性的靈魂，直接面見三位一體的天主，可說是人的終極高峰就是靈魂可以進入這樣的境界。廣義而言，榮福直觀即是那些達到圓滿成全境界的人，直接與三位一體的天主相遇。

問：既然基督的救贖已斷絕了撒旦的勢力，那在這一切中，聖母瑪利亞的角色是什麼？

答：撒旦的勢力已被基督打斷。聖若望明確指出，作為道成肉身的天主之子，基督來到世上就是為了摧毀魔鬼的權勢。他也進一步說明了基督的救贖目標。至於瑪利亞的角色，我們同樣也必須從起初說起。若依天主的計劃，一切都是以基督為宇宙中心而創造的，那麼「聖言」早已存在，但當時祂僅是「勝利者」，尚未成為「救主」，因為祂必須先經歷苦難。隨著「聖言」降生為人，天主所思念的第二位受造物，必然就是那位將承載「聖言」的存在者。而在亞當犯罪之後，基督承擔了救世主與救贖者的角色，瑪利亞也因此與這一角色連結在一起。最重要的是，她藉著基督的恩寵而被豁免原罪，因為瑪利亞也是人類受造物，若非預先因基督的救贖而被免除原罪，她本也會受到原罪的影響。

從人類歷史的開端，瑪利亞就不僅被視為救主的母親，這一點在〈創世紀〉

最初的章節中便可見證——天主在警告與譴責撒旦（那條蛇）時，已經昭示了這一點：「我要把仇恨放在你和女人，你的後裔和她的後裔之間，她的後裔要踏碎你的頭顱，你要傷害他的腳跟。」（創世紀 3:15）這裡所指的「她的後裔」，就是她的聖子——基督。許多偉大的藝術作品也表現出瑪利亞如何參與了「踐踏魔鬼頭顱」的救贖使命。

問：由此可見，惡者確實存在。所以，如果我們不知道惡者的破壞性工作，就不可能理解基督的救贖工作。但是，這個惡者——撒旦、路濟弗爾（路西弗）、魔鬼，牠到底是誰？

答：牠被創造時，本是一位好天使，但牠背叛了天主，遠離了天主，並且不斷地試圖使其他受造物也遠離天主。牠是一個墮落的天使，是牠自己建造了地獄——事實上，地獄並非由天主創造，也不在天主原初的計劃之內。撒旦竭盡所能地想要拉扯更多的人來追隨牠的腳步，進入地獄，承受同樣的懲罰。

在某種意義上，魔鬼成為「反天主者」，與天主的計劃對立，因為牠先是反抗天主及天主為牠制定的計劃，隨後又試圖讓其他受造物反抗天主。這正是魔鬼的力量——誘惑，所謂魔鬼的「一般作為」。我們每個人都會遭受誘惑的試探，甚至耶穌基督也是，祂成為與我們相同的真正人類，在一切事上都與我們相似，但祂沒有罪，祂也允許撒旦以相同的方式試探祂。

聖若望說：「全世界卻屈服於惡者。」（若望一書 5:19）聖保祿也說：「我們戰鬥不是對抗血和肉，而是對抗這黑暗世界的邪惡鬼神。」（參見厄弗所書 6:12）但實際上，這些邪魔究竟有什麼力量？

毫無疑問，牠們的力量是巨大的，因為聖若望告訴我們整個世界都在惡者的權下；耶穌兩次稱撒旦這個惡者為「這世界的元首」；而聖保祿在寫給格林多人的第二封信中，稱牠為「今世的神」，意思是牠在世上擁有巨大的力量，並將這力量施加於我們每一個人身上。

讓我們來想想基督的三次受試探。魔鬼極其單調無聊，當我詰問牠這一點時，牠答說，即使牠很單調無聊，我們人類還是一樣會上當。例如，牠在第三次試探耶穌時，展示了世上所有的國度，說道：「看，我將世上的一切國度及其榮華指給你看，這些國度都是我的，只要你俯伏朝拜我，我必把這一切交給你。」耶穌沒有對撒旦說「你是個騙子，這些國度都屬於天父」，相反地，耶穌用聖經中的一句話來回答他：「經上記載：『你要朝拜上主，你的天主，惟獨事奉他。』」（參見瑪竇福音 4:8-10）

耶穌的意思是，魔鬼確實能夠做出某些人性的承諾，而人類可能會落入這個圈套，因為他們會為了野心或對權力的迷戀而向撒旦屈服。但是，天主給予人類這些世俗財物，是為了讓他們善加利用，造福他們的兄弟姊妹。

問：我們談到了撒旦，然後是路濟弗爾，再然後是魔鬼，但是牠們之間是否有所不同，或是指的都是同一個精神體？魔鬼可能以人的形象出現嗎？

答：邪魔的數量是無法計算的，就像天使有階級，魔鬼也有階級。例如，我們知道天使的領袖是聖彌額爾（米迦勒）總領天使，至於魔鬼，我們知道牠們的首領以各種名字出現，我認為那些是同義詞，例如撒旦、貝耳則步（別西卜）和路濟弗爾。

最後一個名字「路濟弗爾」並不是嚴格意義上的《聖經》名稱，根據我們的驅魔經驗，牠是與撒旦不同的惡魔，但也有人認為牠是撒旦的同義詞。我們也知道魔鬼的數量眾多，《聖經》提到牠們的不同名字，而這些名字具有階級從屬的關係。牠們像犯罪組織一樣，內部有嚴格的階級制度，各階層的權力都是出於恐懼和壓迫，而不像天使，是出於愛。

問：魔鬼有什麼力量？

答：所有魔鬼都致力於誘惑人類作惡，目的是要讓他們遠離天主，並試圖摧毀天主的計劃。

魔鬼的存在

問：這裡我們要澄清一下。我們已經得到第一個結論——魔鬼確實存在。如果否認牠的存在，就等於否認基督的犧牲，對嗎？

答：是的，這等於是不瞭解天主創造的計劃。不瞭解魔鬼並不表示不瞭解天主，而是不瞭解救贖的計劃，也就是說，在亞當犯了原罪之後所發生的一切，最終的結果是在表明，對人類而言，救恩是必須的，因為人類無法自救。

我還要補充一點。在理性上，人類對這些真實存在僅有模糊的概念。那麼，人類的理性如何能從受造界推論到造物主的存在，進而相信天主的存在呢？在人類歷史上，即便是在猶太民族之前的各個民族，也已經意識到有善的精神體和惡的精神體的存在。然而，唯有透過天主的啟示，我們才能確切並清晰地理解這些不可感知、不可見的真實存在。也只有透過啟示，我們才能確信天主的存在、靈魂的不滅，以及天使和魔鬼、天堂與地獄的存在——儘管在原始宗教中，人類對這些真實存在已有一些模糊的認識。

我們提到撒旦和天使都是純精神體，沒有身體。因此，如果他們想要顯現出來讓人看到，就必須按人的感官能力假扮成某種形體，而且是按照他們想要完成的任務來選擇形體。例如，總領天使辣法耳（拉斐爾）為了要陪伴多俾亞遠行，必須讓自己能被看見，所以他採取了一個年輕人的形體。

魔鬼的外型真的有角、尾巴、蝙蝠翅膀或山羊頭和蹄子嗎？我要說，這些形體是為了顯示牠們的敗壞。這些特徵顯示牠喜歡當畜牲甚過當人。一個有角、尾巴或翅膀的人，必是有某些動物的成分，因而顯示出牠墮落的狀態。實際上，我們無法描繪魔鬼，因為牠是按照自己的意圖，以臨時、虛假的形體出現。例如，如果牠想驚嚇人，就會假裝成怪物或能造成恐慌的形體；如果牠想誘惑人，可能裝扮成一個妖媚的年輕女子，就像魔鬼在莫利塞大區的韋納夫羅（Venafro）騷擾聖畢奧神父時所做的那樣。也有一些關於聖安多尼（St. Anthony）在曠野與魔鬼打鬥的著名故事。

總之，魔鬼為了讓自己能被人察覺到，牠會使用一個臨時、偽裝的形體，因為他是一個純精神體，牠沒有可以讓人看到的身體，所以牠會採用一個適合牠覬覦目標的形體。

問：聖奧斯定（St. Augustine）說：「如果天主給撒旦完全的自由，我們都不能存活。」撒旦不能為所欲為，但是牠能給我們製造很多問題。能否談一下魔鬼的一般作為與異常作為？這些是什麼意思？

答：這意味著天主是造物主，祂掌管生命，而魔鬼是反對天主的破壞者。天主願意賜給人美善與幸福，魔鬼卻想要讓人遭受災難與不幸，而且牠得心應手——但我要補充一點，唯有當人同意、向牠敞開門戶，牠才能成功。一般來說，除非獲得此人同意，否則魔鬼無法做任何事。我們從創世之初亞當和厄娃的墮落，學得了這個教訓。亞當和厄娃生來就有理性和自由意志，能夠且應該服從天主，但他們明知故犯地違背天主，順從魔鬼的指示——他們本可以、也應該有不同的行為。

因此，如果我們臣服於魔鬼，牠就會有相當巨大的力量。魔鬼是反天主、反造物主的，牠是破壞者。聖奧斯定有句話說：「如果牠能夠，牠會殺死我們所有人。」如果牠無法殺死或摧毀，牠就會試著將我們拉到牠那邊。為達成這些目的，牠慣常使用的伎倆就是「誘惑」。

魔鬼還有一些特別的作為。牠可以引起一連串的騷擾，然而，大多數這些騷擾的情形，必須當事人同意才可能發生。魔鬼會給那些把自己交付給牠的人一些「禮物」，用來換取對他們的騷擾。例如，魔鬼給人財富、成功、權力或是預知未來的能力，這類禮物總是會附帶著極大的痛苦，因為魔鬼只能帶來厄運。因此，牠對待那些崇拜牠的人非常殘酷。浮士德將靈魂出賣給魔鬼，以換取在世上的享樂，因為他不在乎來世；但他只是一個虛構人物，毫不真實。那些把自己交在魔鬼手中的人，他們所獲得的塵世的禮物和利益，總是附帶著極端的痛苦。

問：我們稍微提到超感視覺與未卜先知的能力。這些現象是否都是魔鬼在操弄？

答：不是。這種現象有些是自然現象，超心理學特別重視對這類現象的研究，因為它們與超自然現象有關——也就是說，雖然有這方面的科學研究，但尚未被接受，因為在這個領域的研究，依然落後或無法進行。讓我們引用哈姆雷特所說的話：「太陽底下有許多事是你的哲學所無法想像的。」因此，我們會發現自己身處在一個浩瀚無垠的世界，而我們對它的認識實在有限。

問：我們再來談談你書中清楚列出的魔鬼騷擾的六種現象：魔鬼附身（附魔）、魔鬼迫害、魔鬼擾念（著魔）、魔鬼感染、外在肉體的痛苦、屈服或依附魔鬼，以及它們的四種成因。

答：是的，我列出了這些現象，但並非所有人都認同。我努力地創造一些可以通用的術語，為的是要建立一種目前還不存在的共同語言。因此，我列出了六種邪魔可能會造成的騷擾現象，以及如何避免或治療的方法。

我們可以逐一討論它們，並對每項做一些說明。讓我們從以下幾種騷擾開始：附魔、著魔、魔鬼迫害、魔鬼感染。

「附魔」是魔鬼最嚴重的騷擾，會讓人幾乎覺得魔鬼進入了一個人的體內，控制了他，導致牠用這個人的嘴巴說話，並控制了他全身。從福音中革辣撒（格拉森）附魔人的故事來看，這種異常現象會很戲劇性地發生：魔鬼顯出超人的力量，能說多種語言，並且知道隱秘的事情（參見馬耳谷福音5:1及其後經文）。因為魔鬼知道隱秘的事情，許多人不敢在我驅魔的時候幫忙，他們以為魔鬼會揭露他們的罪。但老實說，我從未遇到過這種情況，不過魔鬼確實知道一些隱秘的事情。

我說過，附魔是魔鬼最嚴重的騷擾，但這種情形並不一定有明顯的症狀，例如附魔的人在地上打滾或被聖水灑到時感覺像被燒到。附魔的形式有很多種，比較常見的形式不是那種聳人聽聞的現象，而僅是非常的痛苦，以及身體或心理上的騷擾。有時在驅魔的過程中，即使魔鬼被迫現身，牠們也能避免露出太招搖的外形。

「魔鬼迫害」會使人受到嚴重的侵擾，但魔鬼沒有附身。這種侵擾與一般的災害很難區分。讓我們以《聖經》中的約伯為例，因為對我來說，聖經的例子總是最清晰而且最具有代表性。約伯的情感遭受巨大打擊，他的十個孩子全都突然死亡，他的財產瞬間從富甲天下變為一貧如洗，他的身體從健康無病變成從足踵到頭頂都長了毒瘡。但他沒有附魔，他的體內沒有出現魔鬼，我知道許多人有類似的情況。我們可以說，即使在今天，最嚴重的附魔發生的次數依然有限（雖然和其他種類的魔鬼騷擾一樣，這類騷擾日益增加），相對地，魔鬼迫害發生的數量則非常多。

許多人的人際關係受到打擊，致使他們無法找到配偶，或是他們的婚姻或婚約沒有特別原因地破裂。有些人的私人財物或資產受到打擊，例如企業家突然犯了重大錯誤而陷入困境，或毫無緣由地發現自己流落街頭。我也知道非常多經營很好的店家，突然變得無人問津。此外，還有許多人的身體健康受到魔鬼的騷擾。我們也注意到，這些問題可能是一般原因，也可能是邪魔造成。因此，知道如何從某些跡象來分辨這些困擾是源於邪魔還是一般原因，就顯得非常重要。有些人認為造成這些困擾的原因幾乎都是相同的，但我認為應該要加以區分。

「著魔」是指一個人陷入執著、無法抑制的妄念，讓他無法自拔；因為他不能擺脫這些困擾，就逐步走向絕望，甚至自殺。魔鬼這個毀滅者，牠的目標之一就是將人逼到這種絕望的地步，然後自殺。不幸的是，有時牠會得逞，特別是在著魔的情況下。這種無法克制的強迫症讓人陷入絕望，最終產生自殺的念頭，甚至付諸行動。

「魔鬼感染」這個名詞我只用來指邪魔對房屋、物品和動物的騷擾。早在教父時代，奧力振（Origen）就曾舉出一些例子，驅魔不僅可以釋放人，也可以用於場所、物品和動物。福音書記載的革辣撒附魔人的故事中，邪魔要求主耶穌准許牠們進入豬內，當牠們進入這些動物時，這些豬也變成附魔。至於為一個處所驅魔，我認為請驅魔師去為房屋驅魔的最常見原因是，這些地方出現了沒有人可以解釋的怪異現象及聲音。

問：在你列舉的魔鬼騷擾的現象中，有一種身體的騷擾是屈服或依附魔鬼？

答：魔鬼對某些聖潔之人所做的身體的騷擾，是主為了他們的成聖而允許的。我們以聖若望衛雅神父為例，魔鬼經常毆打他，並將他從床上摔下。聖畢奧神父也有過這種經驗；有一次，他甚至需要在眉頭上縫針，因為魔鬼將他從床上摔下後，又按他的頭撞擊地板。這些是身體上的疼痛，但魔鬼沒有進入他們體內，也不像魔鬼迫害使人受到財物、情感或健康的打擊，而是魔鬼直接騷擾，使他們的身體產生不適。這些是主為了聖化此人而允許魔鬼做的。

我相信，聖保祿隱約提到魔鬼對他的騷擾也屬於這類案例。他告訴我們，為了使他保持謙卑，主允許撒旦的使者，也就是邪魔，像肉體上的一根刺一樣，來打擊他。他求主讓他脫離這個苦難，這顯然是身體上的痛苦，並且是源自魔鬼，卻伴隨他整個餘生，直到他過世（參見格林多後書 12:7 及之後經文）。

問：我們想要知道原因：為什麼會遭遇這些事情？是因為我們常去危險的地方、與那些人接觸，或是因為我們處於罪的狀態中？

答：讓人遭到這六種邪魔騷擾，有很多種原因，有人為因素，也有非人為因素。我補充一句：第六種騷擾，我稱之為「依附魔鬼」，這是由於一個人與撒旦歃血為盟而造成的——一個人只是為了獲得某些利益和俗世的成功，就在事先知情的情況下，心甘情願地將自己全心意交付給撒旦。一個人怎麼會陷入這種情況呢？我們必須瞭解原因，因為知道原因是最佳的預防和解決方法。

第一個原因是天主的允許——也就是，沒有人為的因素。聖經中就有例證：

約伯的遭遇就是由魔鬼造成的騷擾，聖保祿的情況也是如此＊，這是主允許的。我們也可以在附魔的聖人生活中看到這種成因。

公元一九八八年，教宗若望保祿二世宣告，將被暱稱為「小阿拉伯」（little Arab）的特敬受難耶穌的瑪利亞修女（Sister Maria of the Crucified Jesus）列入真福品。這位修女的出生地距納匝肋（拿撒勒）僅數公里，她是目前唯一一位曾經被附身於她的魔鬼完全控制，嚴重到需要接受驅魔的真福或聖人。在這個案例中，邪魔的作為是被允許的，目的是要聖化她，使她學會忍耐與堅韌。主允許這些痛苦是為了補贖人的罪。

這就是讓人遭到魔鬼騷擾的第一個原因，但其中沒有人為因素。其他的因素，我們後面會談到。

＊「免得我因高超的啟示而過於高舉自己，故此在身體上給了我一根刺，就是撒殫的使者來拳擊我，免得我過於高舉自己。關於這事，我曾三次求主使它脫離我；但主對我說：『有我的恩寵為你夠了，因為我的德能在軟弱中纔全顯出來。』」（格林多後書 12:7-8）

驅魔禮的細節與效力

問：我們剛才談到魔鬼騷擾的第一個原因，其他還有什麼原因呢？

答：魔鬼詛咒（或簡稱詛咒）也是魔鬼騷擾的原因之一。當一個人遭遇到我們剛才定義的魔鬼特別作為的六種騷擾之一時，可能是因為他受到魔鬼詛咒。詛咒的定義是：「藉由魔鬼的力量來傷害別人。」魔鬼詛咒的方式有很多種，最常見的有：綑綁或束縛、詛咒、惡魔的眼光、黑魔法，以及巫術。

這種情況是特例。受害者是無辜的，並不是受害者與魔鬼做了交易，而是由於另一個想要施行詛咒的人與魔鬼達成協議，從而打開通往撒旦的門戶。然而，值得注意的是，很多時候魔鬼詛咒無法傷害到他們鎖定的目標，如果詛咒的對象是一個活在天主恩寵中、與主密切契合的人，因為他受到保護，這種詛咒無效的情形就會發生。

問：你的意思是，如果遵守誡命並常常領受聖事，我們就幾乎是免疫的。

答：對魔鬼詛咒幾乎免疫，是因為，正如我們說過的，主會為了聖化某些人，而允許他們被魔鬼騷擾。如我前面所言，這是造成魔鬼詛咒的第一個原因。但我們可以說，通常處於恩寵狀態的人對魔鬼詛咒幾乎是免疫的。

在這裡，我要強調教宗保祿六世發人深省的話。一九七二年十一月十五日，在一場關於魔鬼的著名演講中，有人向他提問：「我們要怎樣防禦魔鬼對我們的騷擾？」他直接了當地回應道：「所有能使我們免於罪惡的，都能使我們免於這個惡者。」因此，如果我們活在天主的恩寵中，藉著祈禱和聖事，就能保護我們免於來自魔鬼詛咒，或是他人藉著符咒所引發的攻擊。

問：這麼說來，惡者確實存在，並且有相當大的力量，能夠傷害我們。我們要如何保護自己？藉著驅魔嗎？

答：簡單地說，對抗魔鬼騷擾的最佳防禦是釋放祈禱，我就從這裡講起，而不談驅魔。驅魔是教會設立的聖儀，只有主教和主教任命的神父可以施行，而那些吹噓者或巫師之流的人，他們自稱為驅魔師，但他們不能驅魔。

驅魔是聖儀，因此它是一個神聖的禮儀，只能由主教或由主教特別任命的神父來執行，而不能由平信徒來執行。但因為驅魔是教會設立的聖儀，教會也可以改變這些規定，教會甚至可以授權一名平信徒執行驅魔——也就是說，讓他成為驅魔師。

教會歷史上，規定曾經改變，並且仍然可能改變。例如，在公元最初的三個世紀，所有基督徒都可以驅魔，不需要任何許可。之後，為了避免人們落入一些無賴和騙子的陷阱中，教會便設立了驅魔聖儀，以保證舉行此驅魔禮儀的人所具備的資格。不同於西方教會，東方教會一直到現在都將驅魔視為一種按聖神的方式賦予主教、神父和平信徒的個人神恩。

驅魔禮比每個人都可以做的釋放祈禱更強而有力。耶穌非常明確地說：「信的人因我的名驅逐魔鬼。」然而，即使目標一致，這些並不是驅魔禮，而是釋放祈禱——也就是說，這些私人祈禱讓任何相信耶穌基督的人，甚至一個孩子，都可以因祂的名驅逐魔鬼。然而，驅魔禮不僅是釋放祈禱，而是一個涉及教會權柄的聖儀，只能由主教或神父執行，因此驅魔禮本質上比簡單的私人祈禱更有力量和效力。

問：驅魔禮最早可以追溯到什麼時候？

答：我們知道，早在公元第四世紀時，就已有驅魔禮了。雖然我們無法確定日期，但在公元第四世紀時，就已經將驅魔這個聖職小品歸於主教所轄的聖職品位中。

問：要怎樣施行驅魔？需要多長時間？我知道有兩種驅魔禮，但哪一種是現行的禮儀？是否有一個過渡期的禮儀（亦即羅馬禮）和一個新的實驗性禮儀？若我沒記錯的話，有一個禮儀含有二十條規範，另一個只有五條？

答：整部《羅馬禮典》（*Roman Ritual*）包括聖事的施行，已經做了改革。此外，大公會議之後，聖洗聖事和婚姻聖事的施行也按大公會議的規範以及我們當代的風俗和習慣更新了。我們也需要考慮到禮儀，尤其是彌撒的重大改變，經文從使用拉丁語進行禮儀到使用本地語言，特別是彌撒的過渡。唯一尚未改革並且目前仍完全有效的儀式是驅魔儀式。同時，也有一個正在進行中的改革。

問：你的書中提到驅魔禮也有診斷的功能。有哪些症狀可以用來判斷這是哪一種情況呢？

答：我堅信，唯有藉著驅魔，我們才能確定一個症狀是否魔鬼詛咒，魔鬼是否附在這人身上，或者他是否附魔了。所有症狀也可能是一般的原因，或是一般的疾病，必須施行驅魔來確定。

問：你會使用計謀來對付魔鬼嗎？

答：所有驅魔師都會使用一些計謀，因為邪魔會想盡辦法隱藏自己。即使魔鬼就在那裡，牠也不會顯現出來，所以我們會設計一些圈套，讓牠顯現。

問：所以，在施行驅魔的第一回合時，還不是很明顯確定有邪魔，對嗎？

答：是的，這時候還不明顯，有時候需要很長的一段時間才能確定。反過來說，也有另一種危險，就是以為看到魔鬼，但其實牠不在。在大多數的情況下，來找我們幫助的人會呈現一些症狀，但要作為確認附魔的依據，這些症狀實在太微不足道了。例如，他們帶來一個人，告訴我這個人附魔或有魔鬼騷擾的病症，因為醫生無法治癒他或是藥物無效，他們甚至無法做診斷。光憑這些，不足以證明他附魔。

另一個最常見的症狀是厭惡所有神聖的事物，這從一些輕微的症狀就可以看出來，例如在禮儀中打哈欠或睡著，或是更明顯的症狀，例如一個人抗拒進入教堂，而必須讓他離開以免他做出愚蠢的行為及使用暴力。其他更嚴重的症狀，例如，一個人感覺用在他身上的聖水像火一樣灼熱。但是，即使在這種情況下，也可能只是心理作用，僅憑這個反應可能不足以證明什麼，例如，有些人對水很敏感，喝水時，會問這水是否被祝福過，所以這也可能是由於自然的原因。

有一些症狀我稱之為可疑的症狀，光看這些症狀並不足以證明是附魔，例如，當一個人說他的身體或精神生病了，或是他完全無法讀書或工作，而且這些問題發生前，他參加了召魂法會，或者他出於好奇加入了撒旦教派，或者開始接觸巫術或靈媒的活動。

剛開始，這只是令人覺得可疑的原因，但僅是這個症狀並不足以判斷。只從個別症狀來看，都不足以採取行動。然而，一旦綜合起來，其中某些症狀就足以讓驅魔師決定進行驅魔，或是先進行釋放祈禱。我們總是建議先做釋放祈禱，如果在一系列的釋放祈禱過程中，發現效果不彰，症狀越來越強、越來越暴力，也變得更加明顯，那就表示應當開始驅魔了。

問：有什麼情況是必須要驅魔的？

答：有一個令人好奇的現象，但我必須說，我們驅魔的對象中，女性多於男性，年輕人多於年長者。

我沒有找到任何原因來解釋這現象，但可能有許多原因。女性比男性更容易被好奇心驅使，例如，去找相命師或巫師，或參加召魂法會等等，因此她們會暴露在更多的風險中。年輕人也是如此。我想到現在年輕人如何旅行——當我休假的時候，我只要能去市郊的小山丘走走就心滿意足，但現在的年輕人則想去阿爾及利亞、印度或巴布亞，常是為了參加某個宗教導師的課程。但現在這個年代，不需要去印度就能找到大師，我們周遭盡是「大師」。那些找我們驅魔的人通常是出於好奇或愚蠢，或者因為受到朋友的影響，而與危險的人或地方有所瓜葛。

有時候，一個人在身體或工作上遭到魔鬼騷擾，一切都將毀於一旦，於是他選擇了醫療途徑，但沒效果。我認識一位十七歲的女孩，並曾為她驅魔，她已經去過歐洲的大醫院看病無效，因此這位年輕人對一般正式的醫學，尤其是精神病學，完全不信任。

一般來說，一個人會先尋求醫療幫助，然後有時（或許是因為病急亂求醫）會嘗試法術的方式，求助於巫師和相命師。

問：講到法術的問題，我想再多談一點。因為一般人不知道其中的危險。他們可能會因為一位「沒有得到授權的人」，例如術士或女巫的媒介，而遭到魔鬼騷擾。這樣不僅於事無補，還可能加劇魔鬼詛咒的效應，無論是什麼樣的詛咒。

答：更糟糕的是，這些人會使負面效果加劇百倍，或者，像常見的情況那樣，他們製造出一個原本沒有的魔鬼附身的假象，因為絕大多數的術士（我敢說，百分之九十九點九九）都是騙子，他們唯一擅長的只是運用暗示的力量。

但必須注意的是，暗示的力量也會造成一些心理疾病，因為有心人可以用暗示的方法造成別人的傷害。有人說暗示也能帶來好處，因為如果某人因暗示而遭受痛苦，那麼相反的暗示也可能讓這個人感覺好些。然而，這並不改變大多數的術士其實是騙子的事實，這些自稱是在行善的人，藉著媒體宣傳，自吹自擂。這些人大多數都在欺騙周遭的人。我必須說明，還有一些與撒旦有牽連的術士，他們是名符其實的巫師。

問：你說驅魔師面對的問題，是病人被他之前求助的術士附身，而不是魔鬼詛咒或撒旦？

答：這樣講不完全準確，因此，必須澄清一下：術士是個活人，不可能附身另一個人，即使他已經不在人世也沒有關聯，因為在他人身上存在的只是他的影響。有的人可能會感覺他在與這個術士說話，雖然術士並不在場，但無論是活著或死了，沒有人能夠進入他人的身體。

關於這一點，我要說的是，我們一過世，就立即進入天堂、地獄，或是煉獄。里昂和佛羅倫斯的兩次大公會議都確認了這一事實。因此，當我聽到陰魂不散或是痛苦的孤魂野鬼無處可歸這類報導時，我會說，這些只是故事。

問：所以，我們不認同《西藏生死書*》是嗎？

答：是的，我們不認同，也永遠不會認同。事實上，沒有任何證據支持這本書的觀點。當我們深入分析某些案例時，會發現這些案例的成因其實都是由於暗示造成的心理作用。

請容我澄清一下：一個人必須真的死了，才能進入天堂、地獄或煉獄。有時，一個人可能處於看似死亡的深度昏迷狀態，而這種狀態可能持續很長的時間。在這些情況下，確定死亡的精準時刻並不容易。一個人沒有反應和呼吸，並不足以證明他已經死亡，需要由醫生來證明死亡，但我們也知道，有些時候醫生也無法十分確定，因此會暫緩埋葬這個人，直到他們覺得有十足的把握來決定。總之，當死亡發生時，靈魂會立即歸向天堂、地獄或煉獄。

問：所以說，活人不可能附在另一個活人身上，靈魂也會立即找到他的歸處。那麼，靈魂在來世有什麼活動呢？

答：關於這個問題，有些是確定的，有些則是不明確的。聖多瑪斯說，我們對來世中的靈魂知之甚少。因此，我們必須參考一些與天主密切契合、過聖潔生活的聖人的個人經歷，而不要聽神智不清或意識混亂的人說的。我們從「諸聖相通功」（Communion of Saints）的教義知道，在天國中的靈魂可以聽到我們的祈禱並為我們轉求。我們也知道，煉獄中的靈魂可以因我們的代禱而受益，而他們也能為我們代禱。我們必須注意，這種共融的關係是由於天主與我們之間的交流，而絕非靈魂與我們之間的直接交流。唯有在

＊《西藏生死書》（*Tibetan Book of the Dead*）是由一位西藏喇嘛所寫的佛教經典，從西藏的角度描述死亡，講述的是死後，在死亡和下一次重生之間的知覺經驗。

非常特殊的情況下，天主才會允許一位死者的靈魂向活人顯現。然而，這只是天主允許並願意的特殊情況，不是憑藉人類計謀來達成的。

我駁斥所有相信可以召喚亡靈與之交談的理論、各種形式的靈異學，以及相關的活動，包括扶乩、通靈語音和其他自稱與死者接觸的例子*，因為這是不可能的。惟有天主可以主導這些事情，我們不能僅依賴人類的方法。與亡者的正常接觸從來不是直接的，而是經由天主進行的，就像他們受益於我們的代禱並為我們代禱一樣。即使在富翁和拉匝祿（拉撒路）的比喻中，我們也可以看到，當富翁知道自己身處地獄中時，他從來沒有直接與在樂園的拉匝祿說話，他是與亞巴郎（亞伯拉罕）談話，並請求他派遣拉匝祿去向他的兄弟們傳話。

問：在驅魔時，驅魔師可以與這些靈魂互動嗎？

答：這個問題有些爭議性，需要一些研究，但一般來說，答案是否定的。探討聖經文本的神學理論會有幫助，其中常有隱含的真理，而關於這個問題，並沒有明確的法則。事實上，當神學家深入分析聖經文本時，他們會發現其中隱含的某些真理。例如，聖母升天是一個真理，可以在聖經中找到其依據，但並不明確。

我們希望神學家能夠研究，亡靈可以在我們所說的「過渡時期」（從人死後到他們抵達最終歸處的這段時間）做哪些事情，以及在末日復活時，他們的最終狀況是什麼。人在塵世只此一生，每個人在今生決定了自己永恆的未來，這是不變的真理。然而，對靈魂而言，死後的狀況是暫時的，因為靈魂在等待肉身的復活。

我也希望神學家能徹底研究在此過渡時期靈魂可能做哪些事，特別是，邪魔

＊「扶乩」是一種所謂的靈力，讓一個人在不自覺的狀況下寫出文字。這些文字據稱來自於潛意識、通靈或超自然的力量。「通靈語音」（psychophonia）這個名詞是由靈性學（創始人艾倫・卡爾德克〔Allan Kardec〕，《靈媒之書》〔*The Medium's Book*〕的作者）及其他一些靈媒傳統所創造的，指的是透過靈媒與亡靈對話。

是否可能利用一個被定罪的靈魂來侵擾另一個人，甚至，讓靈魂直接侵擾那個人。目前，一般來說，我們驅魔師支持《羅馬禮典》第十四條準則：如果惡魔試圖偽裝成死者或聖人的靈魂，不要相信牠，因為那是魔鬼的詭計。

問：我知道在來世沒有時間，那麼，你所說的過渡時期是指什麼？

答：這是指從死亡的實際時刻到基督再來時，祂榮耀地光臨於人間，使死人復活並滿全人類的喜樂。即使聖方濟各在天堂的喜樂也是不完整的喜樂，因為他的肉身尚未參與其中，而人是有身體和靈魂的。因此，即使今天，我們也必須回到聖多瑪斯的教導，深入理解這些主題，因為這些已經被遺忘了。聖多瑪斯告訴我們，最難用理性證明的事實是，人類靈魂如何能在沒有身體的狀況下生活並且快樂，這是我們僅能憑信仰知道的事實。

問：讓我們花點時間來闡明先前所說的：一旦身體死亡，靈魂就會立刻找到歸

處。但現在我們說有一個過渡時期，這是什麼意思呢？這是指基督再來嗎？

答：我們也可以說，對於那些已經直接進入天堂或地獄的人而言，煉獄是一種過渡狀態，可以稱之為「天堂前的準備階段」。從這個角度來看，靈魂的歸宿是確定的。還未完全確定的是個體的完整性，因為此時他只是靈魂存在，而非靈魂與身體的合一。因此，在這種狀態下，個人的最終圓滿尚未完成，無論是痛苦（在煉獄或地獄中）或是幸福（在天堂中）都仍然是不完全的，因為缺乏身體的參與。

問：在驅魔禮中幫忙的人會受到某種型式的感染嗎？

答：驅魔不會傳染，惡魔所造成的邪惡也不會傳染。被魔鬼附身的人不是感染了細菌或病毒。我知道很多家庭，夫妻一方附魔並且接受了驅魔，但其配偶完全沒有被侵害，也不需要驅魔，孩子們也不需要。因此，附魔是不會傳染的，不必擔心會在驅魔禮或釋放祈禱中受到任何傷害。

第 7 章

阿摩特神父使用的釋放禱文

❖

by Gabriele Amorth

聖事是最有效的驅魔

經常有人請我＊推薦適合給所有人（包括神職人員及平信徒）無須得到授權就可使用的釋放祈禱的禱文，以解除魔鬼或邪魔的騷擾、疾病及痛苦。

首先，我想說的是，聖事和天主聖言比我們個人的呼求更具效力。當我們求助於上主時，首先必須要有信德，這也是福音書中一再強調的。我從經驗中學得的教訓是，為了能夠有效地接受天主臨在的釋放，必須按部就班地遵循下列的步驟：

1. 告解：這件聖事直接將靈魂從撒旦的手中奪回，這意味著我們需要真心的寬恕：「求你寬恕我們的罪過，如同我們寬恕別人一樣……」

＊編注：本章由阿摩特神父自述，內文中的「我」是阿摩特神父本人。

2. 彌撒聖祭
3. 領聖體
4. 朝拜聖體
5. 聖經和禮儀的禱詞：〈聖詠〉（詩篇）以及聖經中的頌歌、〈信經〉、〈光榮頌〉等
6. 玫瑰經和其他傳統的禱文

必須遵守這些通用的準則，本章接下來列出的這些祈禱文才會有效。這些祈禱文的價值與適用性並不是基於它們是否能夠自動地或神奇地產生效果，而是基於祈禱者以謙卑的心向天父、聖母瑪利亞、天使和聖人們求助的信德。

當有疾病和魔鬼詛咒的症狀時，加倍努力靈性實踐和祈禱，尤其是：向聖神（聖靈）、耶穌和聖母，以及向至聖者的呼求，都是很有助益的。至於聖母瑪利亞，切不可輕視她的重要性。她不僅是救主的母親，也是祂救贖工作的合作者。

畫家和雕塑家們呈現她踩碎魔鬼頭顱的形象，自有其深意。她是一位強而有力的轉求者。

向天使及總領天使祈禱

在天國的等級中，天使與總領天使是對抗惡者的有力代禱者。例如〈默示錄〉（啟示錄）敘述上主萬軍的統帥，總領天使彌額爾（米迦勒）率領好天使與撒旦率領的叛逆天使之間的戰爭，總領天使戰勝了，敵人被投入地獄中：

以後，天上就發生了戰爭：彌額爾和他的天使一同與那龍交戰，那龍也和牠的使者一起應戰，但牠們敵不住，在天上遂再也沒有牠們的地方了。於是那大龍被摔了下來，牠就是那遠古的蛇，號稱魔鬼或撒殫的。那欺騙了全世界的，被摔到地上，牠的使者也同牠一起被摔了下來。（默示錄 2:7-9）

因此，我們應該常向天軍的統帥彌額爾總領天使祈禱。我也會呼求所有在場者的護守天使，當然，其中也包括我的主保——加俾額爾總領天使。

向聖人祈禱

在天上諸聖中，常聽人提及「驅魔師的主保」聖本篤。事實上，並沒有歷史證明教宗何諾三世（Honorius III）曾正式授予他此頭銜。由於沒有正式的驅魔師主保，我們遂呼求聖本篤，因為他經常驅逐魔鬼，展現了打擊魔鬼的強大力量。聖本篤的驅魔聖牌也有顯著的對抗惡者的效果。

每位驅魔師都會呼求他自己熱愛的聖人，或是驅魔團體崇敬的聖人。沒有哪一位聖人具有對抗魔鬼的特別力量，每一位聖人都有一些力量。此外，也有許多聖人自身也曾遭受魔鬼的侵擾，其中最具象徵性的是被暱稱為「小阿拉伯」的加爾默羅會的特敬受難耶穌的瑪利亞修女，她是相當晚近的例子。她一生中曾多次著魔，需要進行驅魔才能獲得釋放。

另一方面，我們也知道有許多聖人雖然受到魔鬼迫害，但他們僅藉著祈禱與領受聖事而獲得釋放。我們可以舉出無數這類聖人的例子，包括聖若望·鮑思高（St. John Bosco）、聖衛雅司鐸、聖畢奧神父、聖吉瑪（St. Gemma Galgani）、福利尼奧的聖安琪拉（St. Angela de Foligno）以及加拉布瑞神父（Father Calabria）等等。

害怕罪，而非害怕魔鬼

聖經從沒有教導我們要害怕魔鬼，而是向我們確保，在信仰內我們能夠、也必須強力地抗拒牠。聖經告訴我們，我們必須害怕罪惡，而且因為所有聖人都與罪惡搏鬥，所以所有聖人也與魔鬼爭鬥。教宗保祿六世在關於惡魔的講道中肯定地說：「凡保護我們免於罪惡的，也保護我們免於撒旦。」

我們只需要擔心自己是否處於天主恩寵的狀態。這意味著我們必須告解、參加彌撒聖祭、領受聖體、花些時間朝拜聖體，以及祈禱，尤其是以〈聖詠〉或玫瑰經祈禱。

在所有方法中，上述這些方法是對抗魔鬼異常作為的最佳方式，只要我們繼續活在天主的恩寵中，就能得到庇護。偉大的金口聖若望（John Chrysostom）說，魔鬼不自覺地成為靈魂的聖化者，因為牠被擊敗，也因為牠帶給聖人們苦難，當聖人將這些苦難奉獻給上主時，就成為他們聖化的途徑。

對使用這些祈禱文的提醒

我要再次強調，任何人都不應使用祈禱文來為親朋好友驅魔。這本書中收錄的釋放禱文只能用於自我釋放的個人祈禱，誦念這些禱文並不表示你在驅魔。驅魔僅限於那些經主教特別授權的神父，因此，他們代表教會的權柄。

除了這裡列舉的祈禱文外，不要忘了，我們還有〈聖詠〉（詩篇）的禱文，特別是那些明確請求從敵人手中獲得救援的詩篇，例如：第3、10、12、21、30、34、67、90篇。此外，也可以誦念〈時辰頌禱〉以及玫瑰經。

我們越是仰賴基督的恩寵，就越與我們的救贖者緊密地結合，也就越能勝過那已被基督打敗的來自地獄的敵人。所有信友，無論是個人或團體，當他們受到魔鬼攻擊時，都可採用新版的《驅邪禮典》〈附錄二〉所提供的一系列懇禱辭和祈禱文，這些祈禱文是供信徒為自己祈禱，而非為他人祈禱時使用。這是假設這些攻擊屬於撒旦的一般作為，而且無須依靠其他力量來獲得釋放或驅魔。藉他人的力量來釋放或驅魔，是一個人為其他人做的祈禱，這種情形應找一位驅魔神父來執行驅魔。

除了以特定的禱文來祈禱之外，也需要藉著一般方法（例如領受聖事）以及更多特別意向的祈禱文來加強自己的靈性生活。

以下的祈禱文適合所有基督徒為自己或為他人誦念。

祈求得到魔鬼釋放的祈禱文

永生的天主，
拯救我，
拯救我
脫離外邦人的毒手，
求使我
不被邪魔試煉，
不被法郎（法老）磨難。

基督，求你
不要讓我墜入祢仇敵布置的網羅，
不要讓我被牠推入暗黑的巴比倫，
以致滿被瘡痍。

求祢許我
住在祢聖殿的門廊，
伏在祢腳前歌頌祢。

求祢不要讓索多瑪的烈火
如豪雨般降在我的頭上。
求祢
以強力的外鼇庇蔭我，
使所有災難遠離我。

噢，基督，
我有禍了，惡龍離去又折返；

我有禍了，牠的怒氣沖斗牛；
我有禍了，我盜食知善惡果；
我有禍了，魔鬼嫉妒入我心。

我的聖潔盡失，
我被逐出樂園。
火劍啊，
請暫停歇你的烈焰。
請再開啟伊甸樂園，
如同苦架上的基督，
為悔改的右盜所做。
阿們。

——摘自《關於自己的史詩》（*Poema Historica, de se ipso*，PG 37, 1280）

為病人傅的聖油所做的祈禱文＊

父啊，我們祈求祢，因祢擁有一切權能，祢是所有世人的救主，我們的主，救主耶穌基督的聖父。我們懇求祢，從祢唯一聖子的天國，降下祢治癒的大能，灌注在這油裡，使所有領受此油傅抹或用此油傅抹祢的受造物的人，得以摧毀一切邪惡、一切疾病，以及撒旦所有的權勢；遠離所有不潔的異神，驅逐所有邪惡的魔鬼，根除所有熱症和寒顫，消除一切病弱；帶來恩慈與罪赦，作為我們生命與救恩的良方，使我們身心靈健全，滿被祢的力量。

主啊，願魔鬼的每一項陰謀、撒旦的每一種權勢、敵對者的每一個羅網、每一個磨難、每一個苦痛、打擊、爭鬥或邪魔的陰影，因我們呼求祢的聖名而顫抖，因祢的聖子名號而驚慌。

上主啊，是那一位為了我們被釘十字架，死而復活的耶穌基督，承擔了我們

＊阿達爾貝・哈曼（A. Hamman），《初期基督徒的祈禱》（*Prayer of the First Christians*），米蘭，一九六二年，179－180頁。

的痛苦與軟弱。祂將要再來，審判生者死者，祂堪享榮耀與尊崇，起初如何，今日亦然，直到永遠。阿們。

聖洗聖事第一驅魔禮

惡魔啊！上主責罰你，因為祂進入世界、居於人間就是為了粉碎你的暴虐統治，賜給人類自由。當祂身懸十字架上時，太陽失光，大地震蕩，墳墓洞開，古聖人的屍骸複生，就在那個時刻，祂打敗了所有敵對的權勢，祂通過死亡摧毀了死亡，並制伏了你——魔鬼——死亡權柄的執掌者。

我因那顯示了生命樹，又令革魯賓及火劍由各方加以護守的天主之名，命令你離開；我又因那行於水面如履平地且又平息風浪者之名，命令你離開；祂的目光使深淵乾涸，祂的威嚴使山嶺消融；現在同樣是這位上主通過我們命令你，心懷畏懼地從此人身上出來，並遠離他永不許返回，或晝或夜，或朝或暮，不得再藏身於他內，也不許再接觸他，對他有所行動；離去吧，返回你的黑暗之所，直到那預定的偉大審判之日。

你當懼怕天主，祂坐於革魯賓之上，俯視深淵；在祂面前，天使，總領天使，上座天使，宰製天使，統權天使，威德天使，大能天使，多目的革魯賓與六翼的色辣芬無不起敬起畏；在祂面前，諸天和大地，海洋和其中的一切無不誠惶誠恐。

惡魔！從這位我們的天主基督的士兵身上出來並遠離他，因為他已被印上了十字架的記號，並被新征入了基督的隊伍。我如此命令你，是因那行於風翼之上，且創造了諸天使、諸靈體及常燃之焰的諸侍從的上主之名。你和你的一切權勢及同黨，都從此人身上出來並遠離他，因為父及子及聖神之名當受榮耀，從今日到永遠，世世無盡。

——摘自東正教會《祈禱書》＊

＊《祈禱書》（*The Euchologion*）是東正教會和天主教東儀教會的主要禮典之一，包含主教、神父或執事所誦讀的禮儀部分。此書現行使用的有幾個不同版本。

聖洗聖事第二驅魔禮

惡魔啊！那神聖、可畏、榮耀，其化工與能力皆不可測度、不可思量，且將你投入永苦之罰的天主，如今通過我們，祂的不堪之僕命令你和隨你一同作惡的種種權勢從此人身上逕行離開，因為此人已被印上我們的主耶穌基督，真實天主之名的記號。

為此，我因著在上天下地握有全權，且曾將導致聾啞的惡靈驅逐，永不許其復返害人的那位耶穌基督的能力命令你——最邪惡、不潔、可恨、令人作嘔的異類惡靈——從這兒離開。你那虛偽的力量甚至無法控制畜類——你該記得應你自己所求，將你趕入豬群的那一位。

你該懼怕天主，祂一出命，大地便穩固於眾水之上，祂創造了蒼穹，祂用天秤稱過高山，用戥子秤過丘陵，祂以沙灘作為海洋的邊界和狂濤旁的穩途，祂的觸摸使群山冒煙，祂給自己披上光明為衣服，祂展開諸天有如簾幕，祂以眾水覆蓋其至高的居所，祂奠定大地的基礎，使之穩固，永不搖撼，祂蒸發海洋的水分，使之成為雨澤普降大地。

現在，你從這已準備好接受神聖光照的人身上出來，並遠離他。我如此命令你是靠著我們的主耶穌基督贖世的苦難，祂神聖的體血及威嚴的復臨；因為祂必要毫不遲延的再來，審判全地，並將你和所有隨你作惡的權勢投入地獄之火，交付於幽遠的黑暗，那裡的蟲不死，那裡的火不滅。因為權柄與能力屬於基督我們的天主及與祂一體的父及聖神，從今日到永遠，世世無盡。

——摘自東正教會《祈禱書》

聖洗聖事第三驅魔禮

萬軍之主，以色列的天主，一切疾患和病弱的醫治者，請垂視祢的僕人／使女，找出並診明他身上所有魔鬼的工程，而加以清除。責罰這些不潔之靈並驅逐牠們，且潔淨祢雙手的化工，以祢迅猛的行動將撒旦踏碎在他的腳下，並賞賜他得勝於魔鬼及其不潔之靈。如此，承蒙祢的仁慈，他將能配得上祢永生之天國的奧跡，並歸榮耀於祢——父及子及聖神。從今日到永遠，世世無盡。

——摘自東正教會《祈禱書》

聖洗聖事第四驅魔禮

吾主上主，祢照祢的肖象、祢的模樣造了人，並賜予他達到永生的力量。但在他墮落犯罪後，祢不但沒有厭惡他或棄絕他，反倒藉著祢的聖子道成肉身，將救恩賜給他。

祢將祢創造的人靈從仇敵的奴役下釋放後，親自將他迎入祢天上的國度，使祢的福音得以光照他。祢讓一位光明的天使進入他的生命，將他從敵人的一切邪惡中釋放出來，使他免於惡者的糾纏，免於憂鬱症的病苦，免於怪異的幻覺。將隱藏在他心中的一切邪魔與不潔的惡靈拋出。將他身上的不義之神、偶像之神、謊言之神、無限貪婪，以及一切由魔鬼所引起的不潔，驅逐出去。使他成為祢的基督神聖羊群中一隻明智的羊，祢的教會中可敬的成員，一個聖潔的器皿，一位光明之子，一位祢天國的繼承者。

如此，他在遵行祢的誡命生活後，保持祢的印記完整無缺，守護他無玷的衣袍，藉著祢唯一聖子的恩慈、憐憫和對人類的摯愛，得以在祢的天國享有祢的聖徒們的喜樂，他們與祢的聖子，和祢至聖、至善、賜予生命的聖神一起讚頌祢，從今時至永遠。阿們。

——摘自東正教會《祈禱書》

向坎帕尼亞的主保聖安多尼（Antonino）祈求從邪靈釋放的禱文

全能慈悲的天主，祢賜予真福聖安多尼院長對抗魔鬼的特殊力量。我們懇求祢，因著他的善功和祈禱，解救我們脫離魔鬼的羅網，並得以進入永生。我們藉著我們的主耶穌基督祈求祢，祂是與祢和聖神合而為一，永生永世掌權的天主。阿們。

一篇向聖安多尼祈求的古老禱文

光榮的聖安多尼，你在世時有征服魔鬼的恩寵，請許我也能克服所有邪惡敵人的攻擊，以得到自由、健康，並效法你光輝的榜樣，使我能日益愛主更深。

為神父能獲得對抗魔鬼之權柄的祈禱文

天父，我們來到祢面前，將所有祢祝聖的聖潔神父奉獻給祢。我們懇求祢，在祢的愛中，將聖神傾注在他們身上。祢已賜予他們戰勝撒旦和跟隨牠的邪魔的權柄。

求祢使他們重新徹底體認這份權能。堅固他們，支持他們，使他們無論在何時何地，當與撒旦和他的邪魔遭遇時，能在祢的聖神內，以耶穌之名驅逐牠們。求祢賜予他們新的視野，使他們能在祢的光照下，看清在他們自己的生命中，在他們所愛之人的生命中，以及在他們的團體內，邪魔的權勢。

主耶穌，請來照亮每一位神父的心思、意念，以及靈魂。求祢以智慧和敏銳充滿他們。賜予他們與邪魔戰鬥所需的恩寵和才能。

親愛的聖母瑪利亞，我們來到妳跟前，懇請妳為妳所有神職兒子們向至聖聖三轉求。請派遣妳的眾天使和聖人們來捍衛他們、保護他們，並為他們轉求。我們奉耶穌之名祈求。阿們。阿肋路亞。阿們。

釋放自己的祈禱文

聖父，全能慈悲的天主，奉耶穌基督之名，並藉聖母瑪利亞的轉求，請求派遣祢的聖神臨於我。願主的神降臨我身，塑造我、形成我、充滿我、聽見我、差遣我、醫治我，驅逐我身上所有邪惡的力量，消滅它們、摧毀它們，使我得以身體健康，行為正直。

將我身上的一切符咒、巫術、黑魔法、黑彌撒、惡魔的眼光、束縛、魔鬼詛咒、魔鬼的感染、附身、侵擾，所有這些邪惡的事物；罪惡、貪念、嫉妒、背信、爭端、不潔、癡迷；身體的、心理的、道德的、靈性的、以及邪魔的疾病，都從我身上驅逐出去。求祢將所有這些惡魔都投入地獄焚燒，使牠們永遠無法再碰觸到我或世上任何其他生靈。

奉我們的救主耶穌基督之名，藉無染原罪聖母的轉求，我要求並命令所有不潔的惡神，所有騷擾我的邪魔，立即離開我，永遠地離開我，並被總領天使聖彌額爾、聖加俾額爾（加百列）、聖辣法耳（拉斐爾），以及我的護守天使鎖鏈，被至聖無染原罪聖母的腳跟踏碎頭顱，被拋到地獄深淵，永劫不復。

父啊，請賜給我堅定的信德、喜樂、健康、平安以及我所需的一切恩寵。主耶穌，願祢至聖的寶血臨於我。阿們。

向釋放者耶穌的祈禱

主耶穌基督，祢是所有世人的朋友和救贖主。因祢的名，所有人都能尋得救贖。一聽到祢的的名字，上天、地上和地下的一切，無不屈膝叩拜。我懇求祢，使我只敬拜祢為唯一真神。

求祢照亮並進入我的心，使我遠離一切誘惑、迫害、與敵人的羅網。求祢治癒我的罪惡與一切病症，使我能堅守祢可愛且完美的旨意，並持之以恆地遵循福音的教導，使我堪當聖神的居所。阿們。

棄絕邪惡的宣示

我棄絕曾潛入我生活中的邪魔，因為我曾經遠離耶穌；我遺棄了聖事，忽略了祈禱，而只專注於過眼雲煙的事物。我棄絕我曾接受的邪惡，犯下這些錯誤是因我無知、輕率、憤怒或不留意，害怕自己與人不同或不被接納。現在我察覺到並棄絕我所犯下的所有罪惡，以及這些罪惡對社會造成的所有惡果。特別是，我棄絕那些玷汙靈性的行為：褻瀆、不實的承諾和誓言、放高利貸、自私的拖延付款、不公義、偏激、召魂法會以及所有邪教活動。基督，救世主，求祢以十字聖架的力量拯救我。阿們。

對抗巫術的祈禱文

上主，求祢垂憐。天主，我們的主，永世的君王，強而有力的全能者，祢創造了萬物，並按你的意願塑造萬物。在巴比倫，你將燒得七倍熱的窯火變成甘露，保守了三位聖潔的青年。祢是我們靈魂的導師和醫生，祢是所有仰望你的人的避難所。我們熱切地懇求你，抑制所有邪惡的力量，驅逐所有臨在的惡魔及詭計，消弭所有邪魔的騷擾、魔鬼的詛咒、惡魔的眼光，以及所有意圖傷害祢僕人的邪惡行為。

在有嫉妒和怨恨的地方，請賜予我們豐足的良善、堅忍、勝利和愛心。主啊，祢深愛世人，請伸出祢有力的手和祢全能的臂膀，並派遣祢的和平天使來看顧我們，保護我們的軀體與靈魂。願祢的聖天使阻擋、箝制所有邪魔的力量，消弭所有由敗壞和嫉妒的人所引起的傷害或圖謀。因此，在祢權柄的保護下，我們可以感恩地高歌：上主是我的救援，我還畏懼何人？我不怕凶險，因祢與我同住，我的天主，我的力量，我強有力的上主，和平之主，永世的天父。

上主我們的天主，求祢垂憐祢的肖象，拯救祢的僕人（唸出你的名字）免於所有來自魔鬼詛咒的威脅，保護他，救拔他脫免一切邪惡。我們藉著天主之母，萬福尊榮，卒世童貞聖母瑪利亞，無上光耀的總領天使，以及祢的眾聖人代禱，向祢祈求。阿們。

——摘自希臘正教禮典

向萬福童貞聖母瑪利亞的祈禱

聖母瑪利亞，今天我在妳的跟前重發我的領洗誓言。我永遠棄絕摧毀我們福樂的敵人，撒旦。我棄絕牠的欺騙、誘惑和一切作為。我將自己全然獻給耶穌，為能更忠誠於祂，並完全活出天主子女的生命，因為祂是天主愛我們的鮮活標誌。

始胎無玷的聖母瑪利亞，我將自己託付給妳。我尊奉妳為我的母親和聖母。作為妳的兒女，我將我的生命、我的家庭，以及我所屬的教會，完全交託，奉獻給妳。

聖母啊，我永遠信賴妳的旨意，請保守我遠離罪惡，護衛我免受惡者的侵害。當最後的日子到來時，請張開雙手接納我，將我作為妳的孩子，奉獻給耶穌。噢！慈愛的母親，那一天，我將與妳同聲高歌那永恆的讚主曲，我的天堂將要開展，我的靈魂將要歡躍。阿們。

向聖母瑪利亞請求釋放的祈禱文

蒙召升天之后，諸天使之后，自創世之初，妳就領受了天主賦予妳的大能及任務，要踏碎撒旦的頭顱。我們謙卑地懇求妳，派遣妳的天軍，秉承妳的命令，以妳的權柄，追剿各處邪魔，使其無所遁形，遏制牠們的猖狂，將牠們投入深淵之中。

神聖的母親啊，請派遣妳的天使和總領天使來守護我們，看顧我們。聖天使及總領天使們，請守護我們，保衛我們。阿們。

——教宗聖庇護十世

向至聖聖三祈求釋放禱文

祈求至聖聖三的祝福（劃十字聖號）及始胎無玷聖母的保護：請伴隨我們一生，賜予我們力量和勇氣，抵擋撒旦及其爪牙的羅網。每次我們跌倒，請扶起我們；我們的每一種病痛，請治癒我們。求賜我們力量與恆心，走在聖善的道路上。賜予我們和平、安寧與愛，引領我們進入天父的懷抱。阿們。

四旬期第四主日可採用的祈禱文

仁愛忠信的天主，祢從不放棄找尋祢迷失的羊：藉著祢的聖子被高舉在十字架上，醫治了我們被魔鬼這條毒蛇的咬傷，並賜給我們祢豐厚的恩寵，使我們的心靈更新，而能回報祢永恆無限的愛。因我們的主基督。阿們。

呼求榮福童貞聖母瑪利亞對抗魔鬼侵擾禱文

無染原罪的貞女，天主之母及我們的母親，諸天使之后，請接受我衷心的祈求，並將我的祈求轉呈到至高天主的寶座前。藉著妳的聖子，妳從天主那裡領受了踏碎撒旦驕傲頭顱的使命。因此，天主以特恩使妳始胎無玷，滿被聖寵。從而，妳能在我們內，協助基督的救贖行動。

現在我們懇求妳，為我們轉求天主，派遣聖天使趕走誘惑者邪魔，揭露牠們的詭詐，抑制牠們的猖狂，並將牠們拋入地獄。

慈愛的母親，請幫助我們在天主和人前更加謙卑。請幫助我們在面對不潔與貪婪的侵擾時，更加堅定果斷地抗拒。請幫助我們更虔誠、熱切地祈禱。請幫助我們更喜愛彌撒聖祭及聖體。請幫助我們愛我們的近人，與每個人和睦共處，寬恕他人的冒犯與誤解，以使我們能奉獻給妳的聖子耶穌的聖心，看到祂的福音得到實現的喜悅。

至潔的天主之母，我們在妳仁慈的披風下得到庇蔭，我們確信妳的保護使我們免於凶惡的誘惑和來自地獄的敵人的侵襲，並使我們在天主父的慈愛中保持忠信。讓我們懷著信心，我們將得享天國永恆的喜樂，在永恆中歌頌救主的慈悲。

阿們。

抵禦魔鬼羅網的祈禱文

主啊，祢是真正的醫生，以及真正的助人者。祢是造物主和救世主，恩寵的賜予者、供應者、辯護者，以及全能而且慈悲的審判者。祢給盲者光明，祢使我們這些軟弱的人能夠完成祢所命令的事，祢熱切地希望我們能虔誠祈禱，祢慷慨地不讓我們絕望。良善心謙的耶穌，求祢憐憫我，以及我的所有罪惡與我的所有過失。求祢以不求回報的善良，將我導入那令人渴望的凝視中，在那裡永遠不會有錯誤。

祢知曉所有隱秘的事，祢知道我沾染了多少惡習。祢知道我是多麼的痛苦與猶疑，祢知道我是不斷受到哪一個敵對者的磨難與襲擊。

在我徬徨無助時，我尋求祢，基督，祢是強盛的、歡欣的、永遠得勝的領袖。如果凶猛的獅子被孱弱的綿羊克服，如果最暴烈的靈魂被最軟弱的肉體征服，如果我們必須受苦一段時間，這也是祢公義的審判所容許的，求祢絕不要允許在魔鬼控制下的我們，被牠貪得無厭的巨口吞噬。

深愛著人類的主啊，求你克服那個因我們的失敗而歡欣的惡者，不要讓牠帶來的悲傷勝過我們人類的喜樂。阿們。

——塞維亞的聖依西多祿（St. Isidore of Seville），《抗拒魔鬼圈套禱文》（*Prayer against Diabolical Snares*，PL 83, 1273-1276）

呼求童貞聖母對抗撒旦的祈禱文

噢！瑪利亞，至聖貞女，始胎無玷的聖潔者，請看妳的兒女，謙卑地俯伏在妳跟前。那第一個遭到天主詛咒的古蛇，仍然在攻擊、傷害及誘惑我們這些厄娃的兒女。

我們天上的母親，從妳始胎無染原罪的那一刻起，就已踏碎了牠的頭顱。瑪利亞，在這場戰鬥中，請幫助我們。讓我們遠離魔鬼的羅網及牠代理者的詭計。

莫讓牠因我們的軟弱而得勝，但請教導我們效法妳的德行，如妳一樣謙遜，充滿信德，崇高並且滿被恩寵。

如此，我們將可堅強地對抗撒旦，踏碎牠的頭顱，並被帶領進入那能夠永遠凝視耶穌的生命。祂是妳——仁慈的、虔誠的、甜美的童真聖母瑪利亞——腹中孕育的聖子！阿們。

對抗一切邪惡的祈禱文

我們的天主之神，聖父、聖子、聖神，至聖聖三，始胎無染原罪童貞瑪利亞，眾天使，總領天使，以及天上諸聖，請臨於我身。

上主，請潔淨我、塑造我，請祢充滿我、差遣我。請驅逐我身上一切邪惡的權勢，摧毀它們、掃除它們，使我得以身體健康，行為正直。請驅逐我身上的一切符咒、巫術、黑魔法、邪魔的事物、束縛、魔鬼詛咒、和惡魔的眼光；魔鬼的感染、迫害、和附身；一切邪惡、罪惡、和嫉妒；背信棄義、貪念；身體的、心理的、道德的、靈性的、以及邪魔的疾病。請將這一切邪魔投入地獄焚燒殆盡，使牠們永遠不再碰觸到我或世界上的任何生靈。

我藉無染原罪聖母瑪利亞的轉求，因我們的救主耶穌基督之名，賴全能者天主的力量，命令所有騷擾我的邪惡力量永遠離開我，並被投入永火的地獄，在那裡，牠們將被總領天使聖彌額爾、聖加俾額爾、聖辣法耳，以及我們的護守天使束縛，牠們的頭顱要被無染原罪童貞瑪利亞的腳跟踏碎。阿們。

釋放禱文

耶穌，我的救世主，我主，我的天主，我的所有，祢在十字架上的犧牲救贖了我們，並戰勝了撒旦的權勢。祈求祢解救我，使我免於所有魔鬼出沒的傷害和影響。

我因祢的名祈求祢，因祢的聖傷祈求祢，因祢的寶血祈求祢，因祢的十字架祈求祢。我藉始胎無玷及痛苦之母瑪利亞的轉求，祈求祢。願祢肋旁流出的血和水傾注我身，潔淨我，釋放我，治癒我。阿們。

——唐迪福神父（Emiliano Tardif）

聖亞豐索（St. Alphonsus）的釋放禱文（個人驅魔祈禱）

因至聖聖三，聖父、聖子、聖神之名：撒旦，去罷！賴耶穌尊貴寶血的恩典，賴無染原罪聖母聖心、大聖若瑟及全體聖人、聖彌額爾以及全體天使的轉求！阿們。

驅魔師2

從聖經到現代的驅魔實錄

加俾額爾·阿摩特 著
定價360元

附魔或邪靈作祟會傳染嗎？
自己做釋放的祈禱有效嗎？
女性比較容易受到魔鬼騷擾？
佩戴聖牌、聖像有保護作用嗎？
被附身的人有什麼可疑的症狀？

《大法師》導演實拍作者驅魔現場，震驚威尼斯影展
與魔鬼交手30年，我講的是未經刪減的真實故事！

根據統計，近年來各地的驅魔需求不斷暴增，義大利每年有50萬人被魔鬼騷擾，這是否顯示魔鬼比過去更加活躍？舉世聞名的驅魔師阿摩特神父說：「以魔鬼侵擾事件的發生率來看，答案絕對是肯定的，所以我必須寫下這本書！」
本書是阿摩特神父的親身經歷，以及其他驅魔師的經驗與建議，將豐富的第一手資料呈現在讀者眼前。阿摩特神父在這本書中解答了許多疑問，包括：如何辨認魔鬼的存在、魔鬼出現的原因及後果、驅魔和釋放祈禱的效果有何不同，以及受到魔鬼感染的物品或房屋該如何處理.……等等。
除了實際的驅魔知識與技巧外，更展現了以聖經為基礎的驅魔觀。書中對於各種超自然現象，提出了從未曝光過的解答、觀察、可能的解決方法，帶領讀者從辨認魔鬼作祟開始，實際瞭解驅魔的完整過程，是進一步瞭解附魔與驅魔的最佳參考書。

鄭文宏｜台中教區主教任命驅魔師
李　亮｜香港天主教教區秘書長
鄭印君｜輔大宗教學系系主任
Asha　｜靈性圈知名傳訊者　　　　——鄭重推薦（依姓氏筆畫排列）

國家圖書館出版品預行編目資料

驅魔師3：連魔鬼也懼怕的加俾額爾．阿摩特神父 / 加俾額爾．阿摩特(Gabriele Amorth), 馬塞洛．斯坦齊奧內(Marcello Stanzione)著；王念祖譯. -- 初版. -- 臺北市：啟示出版：英屬蓋曼群島商家庭傳媒股份有限公司城邦分公司發行, 2025.02
面；　公分. -- (Knowledge系列；31)
譯自：Il diavolo ha paura di me.

ISBN 978-626-7257-73-9 (平裝)

1.CST: 神學 2.CST: 靈修

242.5　　114001465

線上版讀者回函卡

Knowledge系列31

驅魔師3：連魔鬼也懼怕的加俾額爾．阿摩特神父

作　　者／加俾額爾．阿摩特(Gabriele Amorth)、馬塞洛．斯坦齊奧內(Marcello Stanzione)
譯　　者／王念祖
企畫選書人／周品淳
總 編 輯／彭之琬
責 任 編 輯／周品淳

版　　權／吳亭儀、江欣瑜
行 銷 業 務／周佑潔、周佳葳、林詩富、吳淑華、吳藝佳
總 經 理／彭之琬
事業群總經理／黃淑貞
發 行 人／何飛鵬
法 律 顧 問／元禾法律事務所王子文律師
出　　版／啟示出版
台北市南港區昆陽街 16 號 4 樓
電話：(02) 25007008　傳真：(02)25007759
E-mail:bwp.service@cite.com.tw
發　　行／英屬蓋曼群島商家庭傳媒股份有限公司城邦分公司
台北市南港區昆陽街 16 號 8 樓
書虫客服服務專線：02-25007718；25007719
服務時間：週一至週五上午09:30-12:00；下午13:30-17:00
24小時傳真專線：02-25001990；25001991
劃撥帳號：19863813；戶名：書虫股份有限公司
讀者服務信箱：service@readingclub.com.tw
城邦讀書花園：www.cite.com.tw
香港發行所／城邦（香港）出版集團有限公司
香港九龍土瓜灣土瓜灣道86號順聯工業大廈6樓A室
電話：(852)25086231　傳真：(852)25789337　E-MAIL：hkcite@biznetvigator.com
馬新發行所／城邦（馬新）出版集團【Cite (M) Sdn Bhd】
41, Jalan Radin Anum, Bandar Baru Sri Petaling, 57000 Kuala Lumpur, Malaysia.
電話：(603) 90578822　傳真：(603) 90576622
Email: cite@cite.com.my

封 面 設 計／李東記
排　　版／芯澤有限公司
印　　刷／韋懋實業有限公司

■2024 年 2 月 25 日初版

Printed in Taiwan

定價360元

 ISBN 978-626-7257-73-9　9786267257746 (EPUB)